Bernd Schmalhausen

Dr. Rolf Bischofswerder

Leben und Sterben eines jüdischen Arztes aus Dortmund

Gefördert mit Mitteln der Axel Springer Stiftung, Berlin

Die Deutsche Bibliothek – CIP-Einheitsaufnahme
Schmalhausen, Bernd:
Dr. Rolf Bischofswerder : Leben und Sterben eines jüdischen Arztes aus Dortmund / Bernd Schmalhausen. - Bottrop ; Essen : Pomp, 1998
ISBN 3-89355-166-2

Titelbildgestaltung: Büro Thomas Ullrich, Düsseldorf
Lithografie: Repro Wuchert Computer Publishing GmbH, Bochum
Herstellung: Druckerei und Verlag Peter Pomp GmbH, Bottrop
Buchbinderei: Hunke & Schröder, Iserlohn

ISBN 3-89355-166-2

Inhaltsverzeichnis

Meiner Freundin Margret

Vorwort

Als ich vor einigen Jahren Hilde Sherman-Zanders eindrucksvollen Überlebensbericht „Zwischen Tag und Dunkel – Mädchenjahre im Ghetto“ erstmals las, fand ich darin auch den Arzt Dr. Rolf Bischofswerder mehrfach erwähnt. Warum mich unter den dort geschilderten schrecklichen Schicksalen gerade seines so besonders angerührt hat, vermag ich kaum zu begründen. Vielleicht lag es daran, daß Rolf Bischofswerder, wie mein früh verstorbener Vater, Arzt war. Beide waren im Jahr 1913 geboren, hatten zur selben Zeit die Reifeprüfung abgelegt und anschließend während der Anfangsjahre des „Dritten Reiches“ Medizin studiert.

Dann begann der Krieg, und während mein Vater als Sanitätsoffizier eines Flakregiments das von deutschen Truppen eingeschlossene Leningrad belagerte, führte Rolf Bischofswerder 500 Kilometer weiter westlich im Ghetto von Riga einen Überlebenskampf ganz anderer Art. Die Photos meines Vaters aus jener Zeit zeigen einen immer lachenden, jungen Truppenarzt im weißen Kittel über der Luftwaffenuniform. Rolf Bischofswerder war das Lachen vergangen. Was hat mein Vater von der Judenvernichtung im Osten mit eigenen Augen gesehen, was hat er gewußt ? – Wie dachte er darüber ? – Ich habe ihn nie fragen können.

Als Staatsanwalt hat es mich auch gereizt, fast aus dem Nichts heraus die Spur eines Menschen aufzunehmen. Im Verlauf meiner Recherchen ist manches aus dem kurzen Leben Rolf Bischofswerders ans Licht gekommen, vieles im Dunkeln geblieben. In seiner Heimatstadt Dortmund habe ich niemanden mehr gefunden, der sich noch an ihn erinnern konnte. Die jüdische Familie Bischofswerder scheint ausgelöscht, spurlos verschwunden aus dem Gedächtnis der Menschen, so wie es der Intention der Nationalsozialisten entsprach.

Ich denke, daß dies nicht sein darf. Deshalb habe ich dieses Buch geschrieben. Gegen das Vergessen, zum Andenken an einen liebenswerten und tapferen Menschen.

Bernd Schmalhausen

Essen, im Sommer 1997

1. Kapitel: Ein Junge aus Dortmund

Am 14. Dezember 1913 wurde dem Tierarzt Dr. med. vet. Norbert Bischofswerder und seiner Frau Irma, geborene Kronheim, ein Sohn geboren. Die Mutter des Jungen, 15 Jahre jünger als ihr Ehemann, war bei der Geburt des Kindes noch sehr jung, erst 19 Jahre alt. Gleichwohl sollte dieser Sohn, dem seine Eltern den Namen Rolf gaben, ihr einziges Kind bleiben.

Beide Eltern von Rolf Bischofswerder waren Juden. Während der Vater, geboren am 4. Mai 1879 in Wonprowitz, ursprünglich aus dem westlichen Polen stammte, war die Mutter ganz in der Nähe von Dortmund, in Bochum-Langendreer, geboren.

Die junge Familie des Tierarztes Dr. Norbert Bischofswerder repräsentierte das typische Dortmunder Judentum dieser Jahre. Denn wie in den meisten deutschen Großstädten gehörten auch in Dortmund die Juden – mit Ausnahme der im allgemeinen sozial schlechter gestellten Juden osteuropäischer Herkunft – der gehobenen Mittelschicht an. Die Berufsstruktur war ganz überwiegend von Selbständigen, Geschäfts- und Kaufleuten, Ärzten und Rechtsanwälten geprägt. Daneben gab es allerdings auch zahlreiche Dortmunder Juden, die als angesehene Handwerker tätig waren. Weitgehend proletarisiert war nur eine verhältnismäßig kleine Gruppe sogenannter „Ostjuden" in Dortmund, die als Altwarenhändler und Hausierer ein mehr als bescheidenes Auskommen fanden, zum Teil auch in bitterer Armut lebten.

Die jüdische Gemeinde Dortmunds, die zum großen Teil schon seit mehreren Generationen hier ansässig war, fühlte sich während des Kaiserreichs, in das Rolf Bischofswerder hineingeboren wurde, und noch bis weit in die Zeit der Weimarer Republik hinein, relativ gut integriert. Zwar gab es antisemitische Parolen aus deutsch-völkischen Kreisen auch in Dortmund, aber das schienen kaum beachtete Einzelstimmen zu sein. Auch war das Ruhrrevier ja seit Jahrzehnten ein erprobter „Schmelztiegel" unterschiedlicher Bevölkerungsgruppen. So hatten auch in Dortmund Tausende aus Polen stammende Menschen als Bergleute und Fabrikarbeiter eine neue Heimat gefunden. In der „Arbeiterstadt" Dortmund beherrschten außerdem die Gewerkschaften sowie die Parteien der Mitte und der gemäßigten Linken das politische Tagesgeschehen. Antisemitische Propaganda fand daher hier keinen besonders geeigneten Nährboden.

Als Rolf Bischofswerder 1913 geboren wurde, lebten in Dortmund unter insgesamt 525.000 Einwohnern etwa 4500 jüdische Bürger. Sichtbarstes Zeugnis der Bedeutung und des Selbstbewußtseins der jüdischen Gemeinde Dortmunds war die im Jahre 1900 auf dem Platz zwischen Stadttheater und Neutor erbaute große Synagoge. Weitere, kleinere Synagogen, gab es in den Stadtteilen Hörde und Dorstfeld. Die drei Synagogen stellten den Mittelpunkt des religiösen und gesellschaftlichen Lebens der Dortmunder Juden dar. Wenn man überhaupt von jüdischen Wohnvierteln in Dortmund sprechen konnte, dann traf dies am ehesten auf die Gegend Heiligegarten-,

Stein-, Leopold-, Münster- und Zimmerstraße zu, wo sich auch zahlreiche jüdische Gebetshäuser befanden. Nicht weit von dort, innerhalb des Walls, in der Hansastraße 4, wohnte auch die Familie Bischofswerder.
In einer so großen jüdischen Gemeinde wie der Dortmunder gab es natürlich zahlreiche jüdische Vereinigungen, wie den „Centralverein Deutscher Staatsbürger Jüdischen Glaubens“, den Turn- und Sportverein „Hakoah“ oder die Jugendorganisation „Kadimah“. Insbesondere die Angehörigen der jüdischen Mittelschicht waren jedoch voll in das Alltagsgeschehen der Stadt integriert. Man besuchte gemeinsame Schulen, war in demselben Sport- oder Wanderverein.[1]
Wie fast alle deutschen Juden fühlte sich auch die Familie Bischofswerder ihrem deutschen Vaterland besonders eng verbunden.[2] So war es für den gerade zum erstenmal Vater gewordenen Tierarzt Dr. Norbert Bischofswerder eine als selbstverständlich empfundene nationale Pflicht, sich sofort nach Ausbruch des Krieges im August 1914 freiwillig zu den Waffen zu melden.
Das noch kaum motorisierte und überwiegend mit bespannten Fahrzeugen ausgerüstete deutsche Heer wußte die Dienste des jüdischen Veterinärs zu schätzen. Mehr als vier Jahre lang stand Dr. Norbert Bischofswerder im Fronteinsatz, bis er 1919 – mit dem EK I ausgezeichnet – zu seiner Familie nach Dortmund zurückkehren durfte. Er konnte nicht ahnen, wie eine deutsche Regierung ihm dieses Opfer eines Tages danken würde.
Der kleine Rolf mußte während dieser Jahre auf seinen Vater verzichten. Für die Dauer des Krieges hatte seine Mutter den Dortmunder Haushalt aufgelöst und war mit dem Kind zu den Großeltern gezogen. Erst nach Kriegsende war die Familie wieder vereint.
Zu Ostern des folgenden Jahres wurde der inzwischen sechsjährige Rolf eingeschult. Das Bildungbürgertum im preußischen Dortmund, zu dem sich auch die Familie Bischofswerder zählen durfte, pflegte zu jener Zeit seine Kinder jedoch nicht auf die gewöhnlichen städtischen Elementarschulen zu schicken. Diese Schulen, wie auch die sogenannten „Armenschulen“, blieben den Schülern vorbehalten, deren Eltern entweder überhaupt kein Schulgeld bezahlen oder sich den Besuch der privaten, mitunter sehr teuren Vorschulen, nicht leisten konnten. Dementsprechend wurde Rolf Bischofswerder zur Vorbereitung auf den Gymnasialbesuch in die dreiklassige „Kleine Vorschule“ gegeben. Drei Jahre später, Ostern 1923, bestand der neunjährige die Aufnahmeprüfung für das „Städtische Gymnasium“ am Dortmunder Neutor.

[1] Stadtarchiv Dortmund: Widerstand und Verfolgung in Dortmund, S. 267
[2] Vgl. dazu Schoeps: Bereitsein für Deutschland – Der Patriotismus deutscher Juden und der Nationalsozialismus.

Als Rolf Bischofswerder Schüler des Städtischen Gymnasiums wurde, gab es dort insgesamt nur 24 Schüler jüdischer Abstammung, was, gemessen an der Gesamtschülerzahl, einem Anteil von lediglich 3,68 % entsprach. Dieser geringe Prozentsatz blieb während der folgenden Jahre bis zur nationalsozialistischen „Machtergreifung“ in etwa konstant.[1] Das vom Lehrkörper geprägte politische Klima war am Städtischen Gymnasium – wie an fast allen Gymnasien in jener Zeit – ausgesprochen deutschnational. Unter den Studienräten des Städtischen Gymnasiums gab es allerdings schon während der Zeit der Weimarer Republik mehrere engagierte Nationalsozialisten, die im Unterricht republikfeindliche Bemerkungen fallen ließen. Eine deutlich spürbare Hinwendung zum Nationalsozialismus trat am Städtischen Gymnasium aber erst ein, als die NSDAP bei der Reichstagswahl vom Juli 1932 zur stärksten Partei geworden war. Doch da hatte Rolf Bischofswerder nach bestandener Reifeprüfung die Schule bereits verlassen.

Nach Angaben von ehemaligen Mitschülern soll ihr Verhältnis zu Rolf Bischofswerder gut gewesen sein. Antisemitische Tendenzen habe es in der Klasse nicht gegeben. Rolf Bischofswerder selbst hat in einem erhalten gebliebenen Lebenslauf allerdings berichtet, er habe sich bereits am dritten Schultag am Städtischen Gymnasium mit einem Schüler geschlagen, weil der ihn als Jude beschimpft habe. Auch habe er sich später deshalb dem Boxsport verschrieben, weil er sich „als Jude auch mit der Faust verteidigen mußte, oft genug allein gegen ganze Horden“.[2]

Daß Rolf Bischofswerder bei seinen Mitschülern beliebt und geachtet war, mag freilich neben seinem offenen und freundlichen Wesen auch dem Umstand zuzuschreiben gewesen sein, daß er während seiner gesamten Schulzeit ein hervorragender Schüler war. Die meiste Zeit über nahm er sogar den Rang des „Klassenprimus“ ein.

Dabei war er keineswegs der Typ des introvertierten Strebers, sondern bei allen intellektuellen Fähigkeiten ein vielseitig talentierter Sportler. Die Eltern von Rolf hatten auch diese Begabung ihres Sohnes stets gefördert und ihm so exklusive Sportarten wie Reiten, Hockey, Tennis und Skilaufen ermöglicht. In der von Inflation und Weltwirtschaftskrise überschatteten Schulzeit Rolf Bischofswerders bedeutete dies sicher ein schweres finanzielles Opfer für seine Eltern.

1930, zwei Jahre vor der Reifeprüfung, gelang es Rolf Bischofswerder sogar, „Westfälisch-Hessischer Jugendboxmeister“ zu werden.[3] Daß ein Gymnasiast aus gutem Hause ausgerechnet diese Sportart ausübte, konnte vielleicht auf den ersten Blick

[1] Kansteiner: Vom Städtischen Gymnasium zum Hitler-Gymnasium, S. 154

[2] Handschriftlicher Lebenslauf von Rolf Bischofswerder vom 1. Dezember 1931 zum Gesuch um Zulassung zur Reifeprüfung am Städtischen Gymnasium Dortmund.
Ablichtung im Archiv des Verfassers

[3] Handschriftlicher Lebenslauf von Rolf Bischofswerder vom 1.12.1931

Klassenausflug der Unterprima des Städtischen Gymnasiums Dortmund, 1931. Sechster von links: Rolf Bischofswerder

überraschen. Boxen war jedoch gerade zu jener Zeit – Max Schmeling wurde 1930 Weltmeister aller Klassen – in Deutschland außerordentlich populär. Jedenfalls wird der Titel eines Jugendboxmeisters Rolf Bischofswerder nicht nur die Achtung, sondern die Bewunderung seiner Mitschüler eingetragen haben.

Sein ehemaliger Mitschüler Wilhelm Brauss erinnert sich, daß Rolf Bischofswerder seine Fähigkeiten als Boxer durchaus segensreich einsetzte: „Rolf und ich waren Extremsportler, er beim Boxen, ich als Ruderer. Mir fiel schon damals positiv auf, daß Rolf grundsätzlich immer auf der Seite der Schwächeren anzutreffen war, und er denen beistand.“[1]

Uneingeschränkte Anerkennung besaß Rolf Bischofswerder auch bei seinen Lehrern. Im Gutachten der Schule hieß es über den zur Reifeprüfung zugelassenen Kandidaten: „Ein sehr begabter Schüler, der es durch steten Fleiß und rege Beteiligung am Unterricht erreicht hat, daß seine Leistungen in sämtlichen wissenschaftlichen Fächern über das Mittelmaß hinausgehen. Er ist vielseitig interessiert, hat sich selbständig mit wirtschaftlichen und sozialen Fragen beschäftigt, sich vertieft in die Geschichte des Jüdischen Volkes, dessen bedrängte Lage er als Ungerechtigkeit empfindet. Dabei ist es ihm durch kluge Zurückhaltung gelungen, sich eine geachtete Stellung unter seinen Mitschülern zu erwerben.“[2]

[1] Interview des Verfassers mit Prof. Wilhelm Brauss (Heidelberg) vom 14.4.1997

[2] Vgl. Reifeprüfungsakten des Abiturientenjahrgangs 1932 des Städtischen Gymnasiums Dortmund. Ablichtung im Archiv des Verfassers

Besonders bemerkenswert an dieser sehr wohlwollenden Beurteilung erscheint die Formulierung „kluge Zurückhaltung“. Sie läßt erkennen, daß es für einen jüdischen Schüler schon 1932 keine selbstverständliche Zugehörigkeit zur Klassengemeinschaft mehr gab, und er gut daran tat, sich neben seinen christlichen Klassenkameraden möglichst unauffällig zu verhalten.
Der schon erwähnte, sehr persönlich gehaltene Lebenslauf, den Rolf Bischofswerder im Dezember 1931 zusammen mit seinem Gesuch um Zulassung zur Reifeprüfung bei der Schulleitung einreichte, gewährt einen tiefen Einblick in die Psyche des knapp 18jährigen: Er zeigt einen feinsinnigen jungen Mann, der von Jakob Wassermann, dem sehr anspruchsvollen Meister des psychologischen Romans, als „einem meiner Lieblingsdichter“ spricht. Die Werke dieses jüdischen Autors sollten wenig später, bei der öffentlichen Bücherverbrennung vom 30. Mai 1933 auf dem Dortmunder Hansaplatz, als „undeutsches Schriftgut“ den Flammen übergeben werden, wobei ein Lehrer des Städtischen Gymnasiums eine Rede hielt.[1] Wie muß das den ehemaligen jüdischen Schüler dieses Gymnasiums, der so leidenschaftlich gegen den Antisemitismus gekämpft hatte, getroffen haben?
Und der von Rolf Bischofswerder verfaßte Lebenslauf zeigt uns einen jungen Menschen, der sich mit ganzem Herzen als „Deutscher“ fühlt, der die Besetzung seiner Heimatstadt durch französische Truppen während des „Ruhrkampfes“[2] genauso als nationale Demütigung empfunden hatte wie seine christlichen Klassenkameraden. Einen deutschen Jungen, der sogar die imperialistischen Träume von einem neuen deutschen Kolonialreich und „Lebensraum im Osten“ mitträumte, wenn es dort hieß: „Als Deutscher habe ich $4^1/_2$ Jahre den Vater entbehren müssen, als Deutscher habe ich die Folgen eines verlorenen Krieges mitzutragen, als Deutschen haben mich französische Rohlinge während des Ruhreinbruchs verprügelt. Als Deutschen hat mich Hans Grimms „Volk ohne Raum“[3] gepackt, hat mir gezeigt, wo der Urgrund all unserer Not liegt. Deshalb lehne ich den Marxismus und den unbedingten Pazifismus ab, deshalb bin ich für Siedlung, Kolonie und ein nationales Deutschland!“
Vor allem aber lenkt der Lebenslauf Rolf Bischofswerders den Blick auf einen jungen jüdischen Menschen, der sich bewußt als „Jude“ fühlt und ebenso entschieden „Deutscher“ sein möchte. Der „dazugehören“ will und der die ihm als Juden immer stärker entgegenschlagende Ablehnung vieler Deutscher als bitter und ungerecht empfindet. Der darunter leidet, daß nun, während die Republik von Weimar beinahe schon in

[1] Kantsteiner: Vom Städtischen Gymnasium zum Hitler-Gymnasium, S. 159

[2] Wegen geringer Rückstände bei den Reparationszahlungen besetzten im Januar 1923 französische Truppen das Ruhrgebiet. Die Reichsregierung antwortete mit dem Aufruf zum „passiven Widerstand“, der jedoch aus wirtschaftlichen Gründen aufgegeben werden mußte.

[3] Das 1926 als völkisch-politischer Erziehungroman mit bewußter Tendenz geschriebene Werk fand auch in der Zeit des Nationalsozialismus großen Anklang.

Dortmund, 1. Dezember 1931.

Gesuch des Oberprimaners
Rolf Bischofswerder
um Zulassung zur Reife-
prüfung.

Rolf Bischofswerder,
Schüler des Städt. Gymnasiums zu
Dortmund seit Ostern 1923,
in Unterprima seit Ostern 1930,
in Oberprima seit Ostern 1931,
bittet um Zulassung zur Reifeprüfung zum Ostertermin 1932.

An den
Herrn Direktor
des Städtischen Gym-
nasiums zu
Dortmund.

Gesuch des Oberprimaners Rolf Bischofswerder um Zulassung zur Reifeprüfung

Agonie liegt, in Deutschland immer häufiger das böse Wort von der „Judenrepublik“ zu hören ist. Dagegen stemmt er sich auch in seinem Lebenslauf, wenn er dort fortfährt:

„Und als Jude? – Nun, an meinem dritten Schultag schlug ich mich zum erstenmal mit einem, der mich als Juden beschimpft hatte. Dieser Kampf gegen eine falschunterrichtete, verhetzte Weltanschauung, den Antisemitismus, hat für mich bis heute nicht aufgehört. Was ist da natürlicher, als daß ich mich für diesen Kampf auch geistig zu rüsten versuchte. Bei dieser Rüstung nun sah ich, daß es keine kurze, stichwortartige, dabei volkstümliche Geschichte der Juden gab, die zugleich zur Verteidigung gegen jedwedes antisemitische Schlagwort dienen konnte. Diese Lücke suchte ich durch eine Arbeit auszufüllen, die ich „Die Juden und die Judenfrage“ benannte und zur ersten Beurteilung meinen Lehrern als geschichtliche Jahresarbeit einreichte.“

Daß Rolf Bischofswerder sich seines Judentums stets bewußt blieb, dafür sorgte schon sein Elternhaus. Sein Vater verkörperte den Typus des assimilierten, liberalen Juden, der sich im Alltagsleben durch nichts von seinen christlichen Nachbarn unterschied. Doch beide Eltern hatten ihren einzigen Sohn im jüdischen Glauben erzogen und die jüdische Tradition auch im häuslichen Bereich stets gepflegt. Dies belegt der Bericht von Reinhardt Witzig, einem christlichen Klassenkameraden von Rolf Bischofswerder:

„Diese unvergeßliche Begegnung fand Anfang 1932 statt. Ich hatte mich mit Rolf Bischofswerder an einem Samstag verabredet und traf zeitig in seiner Wohnung ein. Die Hausangestellte hatte mir geöffnet. Und in der Diele wurde ich aufgefordert, ins Zimmer zu treten. Sie saßen noch bei Tisch, seine Eltern und er. Der Tisch war abgeräumt, mir wurde ein Stuhl angeboten. Keiner war aufgestanden, und ich sah dann seinen Vater. Der hatte einen hellen, breiten Ledergürtel umgetan, und er hatte seinen Hut auf dem Kopf. Rolf hatte einen schmalen Gürtel und gleichfalls seine Schülermütze auf dem Kopf. Nur Frau Bischofswerder saß ohne eine Auffälligkeit am Tisch.

Dr. Bischofswerder sah zu mir hin und begann: „Du willst ja einmal Theologie studieren, dann wirst Du auch erfahren oder weißt es schon längst, daß unser jüdisches Volk vor langer Zeit einen großen und weiten Wanderweg betreten mußte. Das möchten wir nicht vergessen. Darum gürten wir uns so, als ob uns eine Wanderschaft bevorstünde. Aber wer weiß das?“ – Dann stand er auf und begrüßte mich wie sonst.“[1]

Nicht nur an den hohen jüdischen Feiertagen besuchte Rolf Bischofswerder gemeinsam mit seinen Eltern die ganz in der Nähe der Wohnung – die Familie Bischofswerder war inzwischen von der Hansastraße in die benachbarte Kampstraße 31 gezogen – gelegene große Synagoge. Hier hatte der 13jährige Rolf auch seine Bar-Mizwa gefeiert.

[1] Briefliche Mitteilung von Herrn Reinhardt Witzig (Goslar) vom 28.2.1997 an den Verfasser.

Der beim Städtischen Gymnasium eingereichte Lebenslauf von Rolf Bischofswerder schließt mit seinen Plänen für die Zukunft: „Nach der Reifeprüfung habe ich vor, Medizin zu studieren, und zwar zieht es mich da besonders zum Beruf des Nervenarztes. Ich hoffe, in diesem Beruf meinen Platz auszufüllen und meinen Mitmenschen zu helfen.“

Mit diesem Berufsziel verließ Rolf Bischofswerder zu Ostern 1932 nach glänzend bestandenem Abitur das Städtische Gymnasium in Dortmund. Ein neuer Lebensabschnitt begann.

Abiturientia des Städtischen Gymnasiums Dortmund, 1932. In der vorderen Reihe ganz links: Rolf Bischofswerder

2. Kapitel: Hinaus ins Leben

Zum Sommersemester des Jahres 1932 nahm der 18jährige Rolf Bischofswerder das Studium der Medizin auf. Seine Eltern hatten ihm erlaubt, für den Anfang seiner akademischen Laufbahn eine Universität im Ausland zu wählen, sicherlich auch zur Belohnung für die herausragenden Leistungen, die Rolf beim Abitur gezeigt hatte, aber keineswegs unüblich bei einer Familie des gehobenen deutschen Bildungsbürgertums.

Rolf Bischofswerder entschied sich für die Universität von Grenoble, der Hauptstadt des französischen Departements Isere. Daß seine Wahl ausgerechnet auf die Stadt im Zentrum der südwestfranzösischen Alpen gefallen war, wen konnte das verwundern? Hier fand Rolf, der „Extremsportler", wenn er den Hörsaal der Universität verließ, alles, was sein Herz begehrte: gewaltige Gebirgsmassive luden im Sommer zu Kletterpartien, im Winter zum Skifahren ein. Kanufahrten auf den Wildwassern der „Gorges du Verdon" waren ebenso möglich wie Badeausflüge an die Strände der französischen Riviera.

Ein ganzes Jahr, das Sommersemester 1932 und das anschließende Wintersemester, verbrachte Rolf Bischofswerder in Grenoble. Es sollte das letzte unbeschwert glückliche Jahr seines Lebens sein.

Ganz unbeschwert blieb nicht einmal dieses erste Studienjahr für Rolf Bischofswerder. Von jenseits der Grenze, aus seiner deutschen Heimat, kamen beunruhigende Nachrichten. Bei den Reichstagswahlen im Juli 1932 war die NSDAP erstmals zur stärksten Partei in Deutschland geworden. Noch lehnte es der Reichspräsident Paul von Hindenburg ab, den Führer der Partei, die so hemmungslos gegen die Juden hetzte, als Kandidaten für das Amt des Reichskanzlers zu akzeptieren. Doch die Tage der Republik von Weimar, der ersten deutschen Demokratie, schienen endgültig gezählt. Hinter den Kulissen suchten Vertreter der Banken, der Großindustrie und der konservativen Eliten, dem greisen Reichspräsidenten seinen Widerstand gegen den „böhmischen Gefreiten" Hitler auszureden.

Da, mitten hinein in das Wintersemester 1932/33, platzte die Nachricht, die Rolf Bischofswerder, den jüdischen Studenten aus Deutschland, in größte Aufregung versetzt haben dürfte: Adolf Hitler war am 30. Januar 1933 zum Reichskanzler ernannt worden, die Nationalsozialisten hatten die Regierungsgewalt in Deutschland übernommen.

Die Ernennung Hitlers zum Reichskanzler mußte jeden Juden zutiefst beunruhigen. Bei zahllosen Gelegenheiten hatte der Führer der NSDAP angekündigt, er werde, einmal an der Macht, diese um keinen Preis wieder abgeben. Ein Mann war Reichskanzler geworden, der angetreten war, den freiheitlich demokratischen Rechtsstaat der Republik von Weimar zu zerschlagen und durch einen allein von seinem Willen abhängigen, autoritären Führerstaat zu ersetzen. Ein fanatischer Antisemit zudem, der, wenn er auch jetzt noch nicht zur physischen Vernichtung der Juden entschlossen war, keinen Zweifel an seiner Absicht gelassen hatte, die jüdische Bevölkerung Deutschlands ihrer rechtlichen und sozialen Stellung zu berauben und an den äußersten Rand der Gesellschaft zu drängen.

Wir wissen nicht, ob sich Rolf Bischofswerder wie so viele Deutsche – der Illusion hingegeben hat, der „braune Spuk" werde schon nach wenigen Tagen vorbei sein oder aber, der Reichskanzler Hitler werde andernfalls eben durch die konservativen Minister der Koalitionsregierung des „Nationalen Zusammenschlusses" entscheidend gemäßigt werden. Den Juden Rolf Bischofswerder mußte die „Machtergreifung" der Nationalsozialisten jedenfalls tief beunruhigen.

Die Nachrichten, die während der folgenden Wochen aus Deutschland eintrafen, gaben dann allerdings sogar den schlimmsten Befürchtungen recht: Am 27. Februar 1933 brach im Reichstagsgebäude in Berlin ein Großbrand aus. Wer immer den Brand gelegt oder veranlaßt haben mochte, er bot den nationalsozialistischen Machthabern den gesuchten Vorwand, die Opposition im Lande zu zerschlagen. Schon bei der ersten Tatortbesichtigung sprachen Hitler, Göring und Goebbels von einer großen kommunistischen Verschwörung und ließen noch in derselben Nacht anhand vorbereiteter Listen rund 4000 Funktionäre, vor allem der KPD, verhaften. Von dieser ersten großen Verhaftungswelle des „Dritten Reiches", der noch viele weitere folgen sollten, wurden zahlreiche Intellektuelle, die mit dem linken politischen Spektrum sympathisierten, darunter der Journalist Carl von Ossietzky und die Schriftsteller Ludwig Renn, Erich Mühsam und Egon Erwin Kisch, erfaßt.

Den Schein der Legalität für diese polizeilichen Übergriffe lieferte am nächsten Tag eine „Verordnung des Reichspräsidenten zum Schutz von Volk und Staat", die die Grundrechte der Weimarer Reichsverfassung, wie das des Rechtes der persönlichen Freiheit, der freien Meinungsäußerung, des Vereins- und Versammlungsrechtes, außer Kraft setzte. Fortan waren Eingriffe in das Brief- und Fernmeldegeheimnis sowie Hausdurchsuchungen und Beschlagnahmungen auch außerhalb der gesetzlichen Bestimmungen zulässig. In Deutschland war der permanente Ausnahmezustand Gesetz geworden, die Diktatur der NSDAP errichtet.

Nach Übernahme aller staatlichen Machtbefugnisse einschließlich der Polizeigewalt konnten die Nationalsozialisten ihren Antisemitismus ungehemmt austoben. Es kam zu Überfällen auf einzelne Juden, die auf offener Straße angepöbelt und mißhandelt wurden. In Breslau drang eine Horde uniformierter SA-Männer am 11. März 1933 in das Gebäude des Amtsgerichts ein, verprügelte jüdische Richter und Rechtsanwälte und trieb sie auf die Straße. Synagogen und jüdische Friedhöfe wurden überall im „neuen Deutschland" geschändet. Polizeiliche Ermittlungen nach den Tätern verliefen – wenn sie überhaupt eingeleitet wurden – natürlich im Sande. Juden, die sich gegen die Übergriffe bei den Behörden beschwerten, verschwanden nicht selten in den noch „wilden Konzentrationslagern" des sich gerade erst etablierenden Terrorregimes.

Rolf Bischofswerder erfuhr in Grenoble weitaus mehr von den Scheußlichkeiten, die in seinem Heimatland geschahen, als etwa seine in Dortmund gebliebenen Eltern. Denn während die deutschen Zeitungen, deren Redakteure entweder mit dem Regime sympathisierten oder völlig eingeschüchtert waren, die antisemitischen Exzesse beharrlich verschwiegen, berichtete die Auslandspresse in großer Aufmachung über die Ausschreitungen.
Für die NS-Regierung waren diese ausländischen Presseberichte nichts anderes als „jüdische Greuelpropaganda". Da die Auslandspresse jedoch nicht aufhörte, über die bedrängte Lage der Juden im nationalsozialistischen Deutschland zu berichten, rief die NSDAP für den 1. April 1933 zu einem „Abwehrboykott gegen die internationale jüdische Greuelhetze" auf.
Am Morgen dieses Samstags zogen im gesamten Reichsgebiet uniformierte SA-Posten vor den jüdischen Geschäftslokalen, Büros und Gewerbebetrieben auf. Türen und Schaufenster wurden mit Parolen, wie „Deutsche wehrt Euch! Kauft nicht bei Juden!" oder „Juda verrecke!", beklebt. Die Bilder der breitbeinig vor den jüdischen Geschäften aufgepflanzten SA-Männer gingen um die Welt.
Nur eine Woche später, am 7. April 1933, verschafften sich die Nationalsozialisten mit dem „Gesetz zur Wiederherstellung des Berufsbeamtentums" die formale Grundlage, um sämtliche Juden und alle politisch mißliebigen Personen aus dem öffentlichen Dienst entfernen zu können. Auch dies war eine Maßnahme, die in der französischen Presse, wie in den Zeitungen aller zivilisierten Länder, heftig kritisiert wurde.
Als Rolf Bischofswerder nach dem Ende des Wintersemesters, im April 1933, nach Deutschland zurückkehrte, fand er ein auch äußerlich verändertes Land vor: Aus dem Straßenbild waren die Wahlplakate der einst so zahlreichen Parteien und Gewerkschaften verschwunden. Statt dessen sprangen ihn von allen Litfaßsäulen und vielen Hauswänden die Parolen der allgegenwärtigen Staatspartei an: Hakenkreuzfahnen und Spruchbänder, wohin er auch schaute. Der Schupo an der Ecke hatte jetzt einen Hilfspolizisten in SA-Uniform an seiner Seite. An den Zeitungskiosken fehlten die vertrauten Blätter der inzwischen verbotenen Parteien und Organisationen. Schon ein kurzer Blick in die noch erscheinenden Zeitungen ergab, daß die „Gleichschaltung" der Presse mittlerweile vollzogen war.
Pünktlich zum Sommersemester 1933 setzte Rolf Bischofswerder sein Medizinstudium fort. Er immatrikulierte sich an der „Westfälischen Wilhelms-Universität" in Münster. Die alte westfälische Universitätsstadt war von Dortmund aus schnell und bequem mit dem Zug zu erreichen. Rolf konnte zu Hause bei seinen Eltern wohnen bleiben und nur zu den Vorlesungen und Seminaren jeweils anreisen. Die Kosten für das Studentenzimmer in Münster ließen sich so einsparen. Rolf Bischofswerders Eltern mußten jetzt mit jeder Mark rechnen. Die Dortmunder Praxis des jüdischen Tierarztes Dr. Norbert Bischofswerder war infolge der antisemitischen Hetze bereits stark zurückgegangen.

Das politische Klima, das im Sommersemester des Jahres 1933 an den deutschen Universitäten herrschte, mußte ein jüdischer Student als denkbar feindselig empfinden. Schon während der letzten Jahre der Weimarer Republik hatten sich große Teile der deutschen Studentenschaft geradezu als Avantgarde der nationalsozialistischen Bewegung verstanden. Grüttner[1] hat dies überzeugend mit der damals herrschenden Überfüllungskrise in den akademischen Berufen und den Existenzängsten der Studenten, die häufig aus durch Krieg und Inflation sozial deklassierten Familien stammten, begründet. Zusätzlich habe bei zahlreichen Studenten aber auch eine deutliche Affinität zu Nationalismus, Antisemitismus und völkischen Ideologien bestanden.

Als Beleg für diese These kann ein 1931 verfaßter Leitartikel aus den „Burschenschaftlichen Blättern" dienen: „Der Antisemitismus ist keine Ausdrucksform persönlicher Feindschaften, sondern naturnotwendige Reaktion aller gesunden Völker, die durch das Schicksal zu einem Zusammenleben mit dem in der ganzen Welt verstreuten Judentum gezwungen sind. Seine tiefere Begründung findet er in der Artfremdheit, die das jüdische Volk von einem großen Teil der übrigen Völker trennt, verbunden mit jener merkwürdigen Eigenschaft, diese seine fremde Art überall in den Vordergrund zu stellen und so volkstümliches Geschehen zu unterdrücken. Was uns vor der Vernichtung unseres Volkstums bewahren kann, ist nicht gedankenloser Radauantisemitismus ... sondern allein bewußte, unerbittliche, immerwährende Ablehnung des jüdischen Geistes in allen seinen Erscheinungsformen."[2]

Vor allem die waffenstudentischen Verbindungen, die das Frontsoldatentum emphatisch verherrlichten und ihre antisemitischen Vorurteile sorgsam pflegten, bildeten den Kern der rechtsgerichteten Studentenschaft. Hier fand der NS-Studentenbund als Speerspitze der Bewegung an den Hochschulen schon lange vor 1933 begeisterte Anhänger für sein Programm.

Jetzt, da sich der Traum von der nationalsozialistischen „Machtergreifung" endlich erfüllt hatte, wollte der Großteil der deutschen Studenten die „nationale Revolution" auch an den Universitäten vollenden. Die Vorlesungen der wenigen noch verbliebenen jüdischen Hochschullehrer wurden systematisch gestört, nicht selten vollständig gesprengt. Und es waren Studenten, der akademische Nachwuchs des Landes, die bei der Bücherverbrennung vom 30. Mai 1933 die Hauptarbeit leisteten.

Eine derart weitgehende Nazifizierung wie bei den Studenten gab es auf Seiten der deutschen Hochschullehrer nicht. Zwar hatte die Mehrzahl von ihnen der Weimarer Republik durchaus ablehnend gegenübergestanden, die weitaus meisten Professoren sympathisierten aber eher mit konservativen bis deutschnationalen Vorstellungen als mit denen der Nationalsozialisten. Nach der „Machtergreifung" verhielten sie sich zumeist abwartend und indifferent. Nennenswerten Widerstand gegen die Gleichschaltung der deutschen Universitäten leisteten die Hochschullehrer jedoch nicht.

[1] Grüttner: Studenten im Dritten Reich, S. 23 ff.

[2] Abgedruckt bei Grüttner: Studenten im Dritten Reich, S. 283

Ganz ähnliche politische Verhältnisse – eine weitgehend nazifizierte Studentenschaft und ein teils konservatives, teils unpolitisches Professorenkollegium – fand Rolf Bischofswerder zu Beginn des Sommersemesters 1933 an der Westfälischen Wilhelms-Universität in Münster vor. Das ausgeprägt konservativ-katholische Klima der Bischofsstadt wirkte hier allerdings ein wenig mäßigend auf die radikalisierte Studentenschaft. Immerhin gehörte Münster aber zu den insgesamt nur fünf Universitätsstädten, in denen die Studenten einen sogenannten „Schandpfahl“ errichteten, an dem sie die Veröffentlichungen „undeutscher“ Schriftsteller und Professoren anprangerten.[1]

Als sich Rolf Bischofswerder für das Sommersemester 1933 einschrieb, gab es an den deutschen Universitäten nur noch wenige jüdische Studenten. Waren es im Wintersemester 1932/33 an sämtlichen Hochschulen Deutschlands noch insgesamt 3336 gewesen, so sollte ihre Zahl bis zum Wintersemester des folgenden Jahres auf nur noch 812 zurückgehen.[2] An der Universität Münster war der Anteil der jüdischen Studenten schon während der Weimarer Republik besonders niedrig gewesen. Im Jahr 1930 zählte die Westfälische Wilhelms-Universität in Münster gerade einmal 19 jüdische Studenten, was einem Anteil von lediglich 0,5 Prozent entsprach.[3] Spätere Zahlen fehlen, doch dürfte die Universität Münster – unter Berücksichtigung der geschilderten Entwicklung im Reich – kaum mehr als zehn jüdische Studenten aufgewiesen haben, als Rolf Bischofswerder im Sommersemester 1933 sein Studium dort fortsetzte.

Die Gründe für den dramatischen Rückgang des jüdischen Anteils an der deutschen Studentenschaft schon im ersten Jahr der nationalsozialistischen Herrschaft waren vielfältig. Ursächlich war nicht einmal so sehr das „Gesetz gegen die Überfüllung deutscher Schulen und Hochschulen“ vom 25. April 1933,[4] das – in Verbindung mit den folgenden Durchführungsverordnungen – nach den Vorstellungen der Nationalsozialisten den Anteil „nichtarischer“ Schüler und Studenten auf ein Mindestmaß reduzieren sollte. Da dieses Gesetz nämlich mehrere Ausnahmeregelungen enthielt, lief es in den meisten Fällen ins Leere. Auch Rolf Bischofswerder kam eine dieser Ausnahmeregelungen zugute: Als Sohn eines jüdischen Vaters, der im Weltkrieg an der Front für das Deutsche Reich gekämpft hatte, durfte er weiterstudieren, obwohl er Jude war.[5]

[1] Grüttner: Studenten im Dritten Reich, S. 84

[2] Zahlenangaben nach Grüttner: Studenten im Dritten Reich, S. 215

[3] Grüttner: Studenten im Dritten Reich, S. 495

[4] RGBL. 1933 I, S. 225

[5] Die in Analogie zum Berufsbeamtengesetz in das Überfüllungsgesetz aufgenommene Ausnahmeregelung für die Söhne jüdischer Frontkämpfer des Weltkrieges ging auf eine Intervention des Reichspräsidenten von Hindenburg zurück. Er hatte in einem Brief an Hitler am 4. April 1933 geschrieben: „Nach meinem Empfinden müssen Beamte, Richter, Lehrer und Rechtsanwälte, die kriegsbeschädigt oder Frontsoldaten oder Söhne von Kriegsgefallenen sind oder selbst Söhne im Felde verloren haben ... im Dienste belassen werden; wenn sie wert waren, für Deutschland zu kämpfen und zu bluten, sollen sie auch als würdig angesehen werden, dem Vaterlande in ihrem Beruf weiter zu dienen.“

Weit entscheidender für den Rückgang des jüdischen Studentenanteils war dagegen die Einführung des „Hochschulreifevermerks". Danach konnten nur jene Abiturienten ein Studium aufnehmen, denen zuvor ausdrücklich die Hochschulreife bescheinigt worden war. Einen solchen Hochschulreifevermerk haben etwa 40 Prozent aller Abiturienten erhalten. Jüdischen Abiturienten wurde das Zeugnis der Hochschulreife dagegen fast grundsätzlich verweigert, mit der Folge, daß es kaum noch Erstimmatrikulationen jüdischer Studenten gab.

Darüber hinaus verließ eine große Zahl der jüdischen Studenten schon 1935 „freiwillig" die Hochschule. Diejenigen, die aus wenig begüterten Familien kamen, mußten das Studium aus finanziellen Gründen aufgeben, denn Stipendien und andere materielle Vergünstigungen (Gebührenerlaß u. a.) waren schon im Frühjahr 1933 für Juden gestrichen worden. Studierende aus wohlhabendem Elternhaus verließen Deutschland und setzten ihr Studium an ausländischen Universitäten fort.

Welche Behandlung Rolf Bischofswerder als einem der ganz wenigen jüdischen Studenten der Universität Münster seitens seiner Kommilitonen und Dozenten zuteil geworden ist, wissen wir nicht, da Zeugnisse aus dieser Zeit fehlen. Wurde er seiner jüdischen Herkunft wegen gemieden, verhöhnt oder sogar tätlich angegriffen? – Wurden seine Leistungen absichtlich schlechter benotet als die der „arischen" Studenten? – Oder gelang es seiner – schon von seinen Lehrern am Dortmunder Gymnasium gelobten – „klugen Zurückhaltung", auch an der Universität unbehelligt zu bleiben und vielleicht sogar akzeptiert zu werden? – Nicht ausgeschlossen ist, daß er unter seinen „arischen" Kommilitonen sogar richtige Freunde gefunden hat, denn es waren ja nicht alle Münsteraner Studenten überzeugte Nationalsozialisten.

Grund, sich zurückgesetzt und ausgeschlossen zu fühlen, wird Rolf Bischofswerder an der Universität in Münster mehr als genug gehabt haben. Sämtliche Studentenverbindungen und -vereine waren Juden selbstverständlich verschlossen. Und wenn seine Kommilitonen nach den Vormittagsvorlesungen zum Mittagessen gingen, mußte Rolf Bischofswerder zurückbleiben. Die Benutzung der Mensa war jüdischen Studenten schon seit dem 22. April 1933 nicht mehr erlaubt.[1]

Aber es gab auch im nationalsozialistischen Deutschland Nischen, in denen ein jüdischer Student Kraft und Selbstvertrauen schöpfen konnte. Für Rolf Bischofswerder war dies der „Sportbund des Reichsbundes jüdischer Frontsoldaten", für den er sich in seiner Freizeit als aktiver Boxer und Verbandsfunktionär stark engagierte. „Der Schild", die Zeitschrift des Reichsbundes jüdischer Frontsoldaten, druckte mehrfach von Rolf Bischofswerder verfaßte Beiträge über den Boxsport ab und berichtete auch immer wieder über seine sportlichen Aktivitäten. So heißt es beispielsweise in der Ausgabe vom 27. April 1934:

[1] Vgl. Runderlaß des Preußischen Kultusministers vom 22. 4. 1933, in: GstA PK 1 Rep. 76 Va Sekt. 1 Tit. XII Nr.35 Bd. III Bl.187 (M)

Ein wertvoller Versuch in Westdeutschland:

„Ständiger Kleinring" eingerichtet

Von Rolf Bischofswerder, L.V.-Boxobmann

Allsonntäglich Pflichtboxen

In der vergangenen Saison hat das Boxen dadurch sehr gelitten, daß die meisten Vereine keine großen Säle zur Verfügung hatten; in den kleineren Räumen aber, die mehrere Vereine benutzen konnten, waren Boxveranstaltungen wirtschaftlich nicht tragbar. Die Folge war, daß Kämpfe mangelten, und mancher Anhänger des Boxsports zu anderen Sportarten abwanderte.

Nachdem nun nach eifriger Werbung mehrere Sportgruppen, vor allem des Industriebezirks, das Boxtraining wieder aufgenommen haben, versucht der Landesverband auf einem neuen Wege, den Boxbetrieb weiter zu fördern: Es sind für das nächste Vierteljahr in sämtlichen Sportgruppen des Verbandes, in denen gebort wird und die einen für Boxveranstaltungen nur halbwegs geeigneten Saal haben, Boxkämpfe angesetzt worden, deren Beschickung den Sportgruppen zur Pflicht gemacht ist. (Vgl. offizielle Bekanntmachungen). Spesen werden nicht vergütet. (Wie es bei den Punktspielen der Fuß- und Handballer ja schon immer ist!)

Dadurch wird folgendes erreicht: Die Veranstaltungen verlieren ihr finanzielles Risiko. Es ist sogar den Vereinen möglich, bei gutem Besuch eine gewisse Summe zu erübrigen. Da die Veranstaltungen in allen boxenden Gruppen gleichmäßig abgehalten werden, können die Gruppen die Spesen für die sonst verschickten Boxer ausgleichen! Durch die häufigen Veranstaltungen wird das boxerische Niveau gehoben. Zugleich werden auch neue aktive und inaktive Freunde des Boxens geworben. Das gehobene Interesse bedingt erhöhte Veranstaltungsfreude der Vereine. So ist der Ring geschlossen.

Erfordernis ist nur, daß die Vereine sich, wenn auch hier und da sich durch diese autoritäre Bestimmung der Veranstaltungen Härten ergeben sollten, mit größter Disziplin den Anordnungen des Verbandes fügen und das jüdische Publikum uns durch regen Besuch unterstützt.

Nachwuchs boxte in Wuppertal

Eine der westdeutschen Städte mit der besten jüdischen Sporttradition ist Wuppertal-Elberfeld. Aber noch nie hat es in Wuppertal jüdische Boxkämpfe gegeben. Mit Unterstützung des [illegible]obmanns Kam. Coßmann, wagte die junge Wuppertaler Sportgruppe, der JSB., am Sonntag, den 10. 11. 35 zum ersten Mal, eine Boxveranstaltung aufzuziehen. Wie es hier im Westen Brauch ist, daß es bei Leichtathletikveranstaltungen meistens regnet, [illegible] schien heute natürlich die Sonne und es war ganz unkalendergemäß warm. Trotzdem waren über 250 Zuschauer erschienen.

Die Kämpfe zeigten einen Elan und Kampfgeist, wie man ihn selten zu sehen bekommt. Vom ersten bis zum letzten Gong folgten in allen Kämpfen Schlagwechsel auf Schlagwechsel. Besonders erfreulich war es, daß diesmal keiner der Boxer unter Luftmangel litt. [illegible] war es mit der Technik leider nicht [illegible], was aber bei der seltenen Kampfgelegenheit besonders des Nachwuchses kein Wunder ist. Na, hoffentlich wird das jetzt besser, nachdem der westdeutsche Landesverband wöchentlich eine Boxveranstaltung aufzieht.

Gleich der erste Kampf brachte die richtige Stimmung. Die beiden Klubkameraden Steinweg und Bloch (Dortmund) schonten sich nicht und zeigten einen der schönsten Kämpfe des Nachmittags. Der körperlich Ueberlegene und auch sonst stark verbesserte Steinweg konnte einen sicheren Punktsieg nach Hause steuern.

Dann gab es ein Schauboxen über 2 Runden zu je 2 Minuten zwischen Wuppertaler [illegible] Ballheimer und Stern. Die beiden [illegible] sich die Tafel Schokolade, die der Lokalmatador und Rosenbach, Dortmund, beharkten sich nach allen Regeln der Kunst. Es gab verschiedentlich Beifall auf offener Szene. Das verkündete „Unentschieden" war die beste Lösung.

Dann gab es im Kampf im Jugend Mischgewicht zwischen Wingens II (JTB.) und Hirsch (Krefeld) nach schönen Szenen ebenfalls ein „Unentschieden" und Schokoladetafeln für die Kämpfer. (Kann man das nicht allgemein einführen mit der Schokolade, vor allem für die Berichterstatter??)

Im Welter stellte Gabelin (Krefeld) gegen Keßler (JTB.) sich sehr verbessert vor. Nach einigen Niederschlägen in der ersten Runde gaben die Sekundanten in der 2. Runde den für Keßler aussichtslos gewordenen Kampf auf.

Im 8. Kampf des Abends nahm Schweich (JTB.) im Mittel dann an Levi (Krefeld) für seinen Klubkameraden Revanche. Er beherrschte mit seiner langen Linken den Krefelder nach Belieben und konnte ihn in der 2. Runde sogar zu Boden schicken. Dank seiner großen Härte kam Levi aber über die Runden und mußte Schweich nur einen allerdings eindeutigen Punktsieg überlassen.

Den 2. k. o. der Veranstaltung gab es dann im Halbschwer, wo man Dreesen, Dortmund, gegen Reichsmeister Cahn (JTB.) gestellt hatte. Schon nach 16 Sekunden gelang Cahn ein Schlag auf den Punkt, der Dreesen ins Land der Träume schickte.

Zum Abschluß zeigten Kuhaupt und Zell, was schönes Boxen ist. Der Kampf zeigte Technik in höchster Vollendung und riß das Publikum, ob sachverständig oder nicht, zu immer neuen Beifallsstürmen hin.

Es klappte alles, da die technische Leitung in den bewährten Händen von Kam. Coßmann, Köln, lag. Im Ring amtierte Kam. Bischofswerder, Münster, der auch zugleich mit Kam. Dr. Mayer, Schwerte, punktete, zu aller Zufriedenheit. So war die Veranstaltung ein voller Erfolg, der zu neuer Arbeit anspornt.

tremoniensis.

Ringen und Boxen in Herne

Herne. Vorweggenommen: es war ein Erfolg! Ein ganzer sogar. Der (ach so enge!) Saal des Herner RjF. war proppe voll, was reichte, um die finanzielle Seite zu sichern. Und die sportliche, dafür sorgten unsere westdeutschen Jungen in bewährter Qualität.

Schon der erste Kampf im Bantam sorgte gleich für die richtige Stimmung. Bloch, Dortmund, und Tietz, Elberfeld, kämpften verbissen um die Punkte. Nach ausgeglichener 1. Runde kam in der 2. der Elberfelder etwas auf, mußte aber in der Schlußrunde dulden, daß der Dortmunder seinen Vorteil ausglich. „Unentschieden".

Auch Rosenbach, Dortmund, und Levi, Krefeld, knallten sich harte Dinger an Kopf und Körper. Rosenbach, der mehr schlug, erhielt den Punktsieg.

Stukinski, Elberfeld, hatte gegen Becker, Witten, alle körperlichen Vorteile. In der ersten Runde schwingerten beide ungeheuer, ohne sich klar zu treffen. Als der Elberfelder in der 2. Runde dann mit seinen harten Schlägen durchkam, gab der Wittener auf.

Eine ausgezeichnete Werbung für den Boxkampf war der anschließende Schaukampf zwischen den beiden Verbandsmeistern Zell und Klinger. Obwohl nicht gewertet wurde, gingen beide Kämpfer ganz aus sich heraus. Beide erhielten beim Verlassen des Ringes noch einen Sonderapplaus und Klinger einen Ehrenpreis des L. V. Boxobmanns.

Mit großer Spannung wurde der Kampf zwischen Waldhorn, Dortmund (L. V. Meister 35), und Rosengarten II Witten (L. V. Meister 34), erwartet. Rosengarten wußte seine Reichweite gut auszunutzen und punktete W. in der 1. Runde klar aus. In der 2. und 3. Runde kam Waldhorn mit seinen Ruhs zwar auf; wie aber die Punktrichter das „Unentschieden" errechneten, ist unbegreiflich.

Im Schlußkampf traten sich in Dreesen, Dortmund, und Gabelin zwei Fighter vom reinsten Wasser gegenüber. Ueberraschend konnte Gabelin alle 3 Runden für sich buchen, wurde aber vor dem Schlußgong von einem harten Ding erwischt und mußte sich auszählen lassen.

Zum ersten Mal in Westdeutschland gab es dann RjF.-Ringkämpfe, die zeigten, welch gutes Material wir auch in diesem Sport in unseren Reihen haben. Die Leitung hatte Cohn, Hagen, der ehemalige Deutsch Meister des DASB. In einem Schaukampf stellte er unter Beweis, daß er noch lange nicht zum alten Eisen zu rechnen ist.

Stern, Dortmund, (ehem. Bezirksmeister des DAS.) brauchte immerhin 6.13 Minuten, um Rosenberg, Witten, nach verteiltem Kampf auf die Schultern zu zwingen.

Weniger schön war der Kampf Rosengarten III, Witten (ehemaliger DASB.-Bezirksmeister), gegen Hertz, Gelsenkirchen. R. kämpft zu trickreich. Er siegte nach 2 Minuten durch Ueberwurf.

Zum Abschluß gab es noch einmal einen rassigen Kampf. Grüneberg, Neheim, leistete dem DASB.-Kreismeister und 7. Deutschen Meister Wilzig, Witten, erbitterten Widerstand und gab sich erst nach 7.28 Minuten seinem überlegenen Gegner geschlagen.

Cohn, Hagen, der auch im Boxring leitete, war sehr scharf, was seine erzieherischen Zwecke sicher nicht verfehlen wird. Das Punktgericht hatte diesmal besser sein können. Nicht soviel Ehrfurcht vor einem Namen!!! Trotzdem abschließend: es war ein Erfolg!

tremoniensis.

Fußball

Westdeutschlands Meister verlor den ersten Punkt.

Nach dem dritten Spielsonntag ist im Bezirk Mittelrhein keine Mannschaft mehr ohne Punktverlust, immerhin aber sind von den 6 Teilnehmern 2 noch ungeschlagen, nämlich neben dem westdeutschen Meister Bonn noch der Neuling Düsseldorf. Diese beiden Mannschaften trafen in Düsseldorf zusammen und lieferten sich einen in jeder Beziehung ausgeglichenen Kampf unter der einwandfreien Leitung von Leffmann — M. Gladbach, dem jetzigen Bezirksschiedsrichterobmann. Die Düsseldorfer spielten mit einem Rieseneifer, wodurch die Bonner sich nicht in gewohnter Weise entwickeln konnten und ihre Bestform bei weitem nicht erreichten. Düsseldorf spielte in der ersten Halbzeit leicht überlegen, doch verausgabte sich dabei der [illegible]

die sportliche Linie gewahrt wurde, leitete Wolf-Duisburg tadellos. — Der Stand im Mittelrheinbezirk:

Düsseldorf	[illegible]	[illegible]	[illegible]	[illegible]	[illegible]
Bonn	[illegible]	[illegible]	[illegible]	[illegible]	[illegible]
Düren	[illegible]	[illegible]	[illegible]	[illegible]	[illegible]
M. Gladbach	[illegible]	[illegible]	[illegible]	[illegible]	[illegible]
Köln	[illegible]	[illegible]	[illegible]	[illegible]	[illegible]
Krefeld	[illegible]	[illegible]	[illegible]	[illegible]	[illegible]

Im Industriebezirk gab es die mit besonderer Spannung erwarteten Begegnungen Bochum—Dortmund. Mit 3 Mannschaften kamen die Dortmunder, und ehe das Hauptspiel begann, hatten sie zwei stolze 6:0 Siege in der Tasche, die die 2. Mannschaft und die Schülerelf herausgeholt hatten. Aber im „Spiel des Tages" setzte sich dann Bochum durch, das seinen 200 Zuschauern eine ausgezeichnete Leistung [illegible]. Die Mannschaft war ohne schwachen Punkt, aber ganz groß spielten Torwart und die Verteidiger. Die Ausgeglichenheit der Bochumer brachte es mit sich, daß ein 3:1 Sieg [illegible]

Von Rolf Bischofswerder verfaßter Artikel der Zeitschrift „Der Schild" vom 22.11.1935

„Zur ersten RJF-Boxgroßveranstaltung 1934 hatte der rührige Boxobmann des Gaues „Ruhr“, Rolf Bischofswerder, am 14. April in der Sportschule Weberstraße, Dortmund, eingeladen. Miesmacher und Meckerer wurden einwandfrei k. o. geschlagen. Sportlich und finanziell war diese „1. Gau-Werbe-Veranstaltung“ ein großer Erfolg. In elf Kämpfen maßen sich die besten RJF-Boxer aus Bochum, Witten, Gelsenkirchen, Neheim, Schwerte und Dortmund. Der überfüllte Saal (viele konnten wegen Überfüllung den Kämpfen nicht beiwohnen) sah ein begeistertes Publikum. Nach einleitenden Begrüßungsworten des Gauboxobmanns Bischofswerder, der auf die Bedeutung des Abends hinwies, dankte Gauleiter Dr. Eichengrün dem Veranstalter. Nach der Pause absolvierte Gauboxobmann Bischofswerder, der auch Halbschwergewichtsmeister der französischen Alpen-Universitäten ist, einige Sparringsrunden mit Mayer (Schwerte) und Rosenbach (Dortmund). Lebhafter Beifall.“

Vom ersten Tag seines Studiums in Münster an mußte sich Rolf Bischofswerder größte Sorgen um seine berufliche Zukunft machen. Würde er die für einen ordnungsgemäßen Studiengang vorgeschriebenen Zwischenprüfungen ablegen dürfen und würde man ihn schließlich überhaupt zum Staatsexamen zulassen, das waren Fragen, die ihn ständig bedrückten. Jeder Tag konnte eine neue Verordnung bringen, die die Studienbedingungen für Juden weiter verschärfte oder Juden sogar ganz vom Studium ausschloß. Die Begriffe Rechtssicherheit und Vertrauensschutz galten ja nichts mehr im nationalsozialistischen Deutschland.

Und wenn er wirklich zum medizinischen Staatsexamen zugelassen werden würde, was sollte dann anschließend werden? – Gab es noch eine realistische Chance für seinen Wunsch, nach der Ausbildung zum Allgemeinmediziner zusätzlich den Titel eines „Facharztes für Psychiatrie“ zu erwerben? – Würde er überhaupt jemals in Deutschland als Arzt praktizieren dürfen? –

Die Aussichten darauf waren schon jetzt, da Rolf Bischofswerder kaum die Hälfte der vorgeschriebenen Studienzeit absolviert hatte, mehr als düster. Schon im April 1933 war die Tätigkeit „nichtarischer“ Kassenärzte durch eine Verordnung beendet, eine Neuzulassung „nichtarischer“ Kassenärzte ebenfalls untersagt worden.[1] Noch einschneidender war ein Runderlaß des Preußischen Kultusministers vom Oktober 1933, nach dem „nichtarische“ Studenten der Medizin und Zahnmedizin künftig nicht mehr die Approbation erhalten durften. Das Doktordiplom wurde diesen Studenten nur ausgehändigt, wenn sie zuvor auf die deutsche Staatsangehörigkeit verzichteten[2] oder nach dem Examen eine feste Anstellung im Ausland angenommen hatten.[3]

1 Verordnung über die Zulassung von Ärzten zur Tätigkeit bei den Krankenkassen vom 22.4.1933 (RGBL. 1933 I, S. 222)
2 Runderlaß des Preußischen Kultusministers vom 20.10.1933
3 Runderlaß des Preußischen Kultusministers vom 24.2.1934

Rolf Bischofswerder als Kampfrichter bei einem Sportfest des „RJF“ 1935 in Münster
Auf dem Boden vor ihm die „Flüstertüte“

Im Sommersemester 1935 legte Rolf Bischofswerder die medizinische Vorprüfung, das sogenannte „Physikum" ab. Unter welcher Nervenanspannung der Kandidat sich auf diese Prüfung vorbereitet hatte, wird deutlich, wenn man das administrative Gerangel betrachtet, das es kurz zuvor um die Frage gegeben hatte, ob jüdische Medizinstudenten überhaupt noch zu Prüfungen zugelassen werden sollten:
Im Februar 1935 hatte eine Verordnung des Reichsinnenministeriums die Zulassung zu den Prüfungen und die Erteilung der Approbation für Mediziner und Zahnmediziner zunächst von dem „Nachweis der arischen Abstammung" abhängig gemacht. Ausnahmen waren nur noch „aus besonderen Gründen" gestattet.[1] Da Mediziner und Zahnmediziner erst nach dem Staatsexamen promovieren konnten, lief diese Verordnung letztlich darauf hinaus, „Nichtariern" jeglichen Studienabschluß an den Medizinischen Fakultäten zu verweigern.
Für Rolf Bischofswerder schien damit das unwiderrufliche Ende seiner Hochschullaufbahn gekommen. Doch plötzlich kam es doch noch anders: In einer „Ausführungsanweisung" vom 23. April 1935 wurden die Regierungen der Länder angewiesen, jene „nichtarischen" Studenten der Medizin und der Zahnheilkunde, die ihr Studium schon vor 1933 begonnen hatten, auch weiterhin regelmäßig zu den Prüfungen zuzulassen.[2] Mit einer Approbation, d. h. mit der Chance, den erlernten Beruf in Deutschland auszuüben, konnten aber auch sie nicht mehr rechnen. Rolf Bischofswerder hatte sein Medizinstudium also gerade noch rechtzeitig begonnen, um unter diese Ausnahmeregelung zu fallen.
Kaum waren die Aufregungen um das „Physikum" überstanden, versetzten die Nationalsozialisten dem sich so sehr als „Deutschen" fühlenden Rolf Bischofswerder den nächsten schweren Schlag. Am 15. September 1935 verkündeten sie auf ihrem „Reichsparteitag der Freiheit" die sogenannten „Nürnberger Gesetze", die eine neue Phase der Judenverfolgung einleiteten.
Durch das „Reichsbürgergesetz" wurde bestimmt, daß „Reichsbürger nur der Staatsangehörige deutschen oder artverwandten Blutes" sei und außerdem klargestellt, daß nur „der Reichsbürger der alleinige Träger der vollen politischen Rechte" sei. Wurden die Juden durch dieses Gesetz aus der deutschen Volksgemeinschaft ausgeschlossen, so brachte ihnen das gleichzeitig verkündete „Gesetz zum Schutz des Deutschen Blutes und der Deutschen Ehre" weitere schwere Diskriminierungen:

> „1. Eheschließungen zwischen Juden und Staatsangehörigen deutschen oder artverwandten Blutes sind verboten.
> Trotzdem geschlossene Ehen sind nichtig, auch wenn sie zur Umgehung dieses Gesetzes im Ausland geschlossen sind.

[1] Verordnung über die Änderung der Prüfungsordnungen für Ärzte und Zahnärzte vom 5.2.1935 (Reichsministerialblatt 1935, S. 65)

[2] Ausführungsanweisung vom 23.4.1935 zur Verordnung vom 5.2.1935 über die Änderung der Prüfungsordnungen für Ärzte und Zahnärzte

2. Außerehelicher Verkehr zwischen Juden und Staatsangehörigen deutschen oder artverwandten Blutes ist verboten.
3. Juden dürfen weibliche Staatsangehörige deutschen oder artverwandten Blutes unter 45 Jahren nicht in ihrem Haushalt beschäftigen.
4. Juden ist das Hissen der Reichs- und Nationalflagge und das Zeigen der Reichsfarben verboten."

Nun hatte es Rolf Bischofswerder „schwarz auf weiß", daß er für die neuen Machthaber kein Deutscher mehr war. Warum – so muß man sich fragen – entschloß er sich nicht spätestens jetzt, das Land, das ihm nun sogar die Staatsbürgerschaft entzogen hatte, zu verlassen und sich anderswo eine neue Heimat zu suchen?

Die Frage, ob man im Lande bleiben oder auswandern solle, wurde schon seit 1933 in allen jüdischen Gemeinden Deutschlands äußerst kontrovers diskutiert. Die Mehrzahl der deutschen Juden klammerte sich verzweifelt an die Vorstellung von der Unerschütterlichkeit rechtsstaatlicher Traditionen in Deutschland. Die Exzesse des neuen Regimes seien nur eine Episode, und „ihr Land" galt ihnen weiterhin als Gegenbild zum Rußland der Pogrome. Noch im März 1933, gerade vier Wochen nach dem Reichstagsbrand und der daraufhin eingeleiteten brutalen Verfolgung politischer Gegner, hatte die Jüdische Gemeinde zu Berlin in einem Brief an Hitler appelliert: „Wir wiederholen in dieser Stunde das Bekenntnis unserer Zugehörigkeit zum deutschen Volke, an dessen Erneuerung und Aufstieg mitzuarbeiten, unsere heiligste Pflicht, unser Recht und unser sehnlichster Wunsch ist."

Diese Haltung war insbesondere für die Assimilierten unter den deutschen Juden kennzeichnend. Deren Vereinigungen, vornehmlich der „Verband nationaldeutscher Juden", der „Reichsbund jüdischer Frontsoldaten" und der „Centralverein deutscher Staatsbürger jüdischen Glaubens", traten leidenschaftlich dafür ein, trotz Verfolgung und antisemitischer Ausschreitungen in Deutschland auszuharren und der Politik des Nationalsozialismus von innen heraus zu widerstehen. Dieser „geistige Widerstand" kulminierte in der berühmten Aufforderung des Redakteurs der „Jüdischen Rundschau", Robert Weltsch: „Tragt ihn mit Stolz, den gelben Fleck!"

Die Gegenposition vertraten ebenso leidenschaftlich die Vertreter der Zionisten innerhalb der jüdischen Gemeinden. Für sie stand fest, daß es für das Judentum in Deutschland keine Zukunft mehr gab, und sie plädierten daher für eine möglichst rasche Auswanderung nach Palästina. Dort sollten auch die deutschen Juden an der Verwirklichung des Traumes von einem eigenen jüdischen Staat mitarbeiten. Um die schon bestehenden jüdischen Siedlungen zu stärken, warben die Zionisten für Investitionen deutschjüdischen Kapitals in Palästina, was in den Anfangsjahren der NS-Herrschaft in begrenztem Umfang noch möglich war. Zusätzlich richteten zionistische Organisationen überall in Deutschland Schulungszentren ein, wo junge Menschen, die zur Auswanderung nach Palästina bereit waren, eine handwerkliche oder landwirtschaftliche Ausbildung erhielten.

Welche Haltung Rolf Bischofswerder in der Diskussion um die Frage „bleiben oder emigrieren", einnahm, wissen wir nicht, da seine Äußerungen dazu nicht überliefert sind. Wenn wir uns daran erinnern, wie entschieden der jüdische Abiturient Rolf Bischofswerder noch drei Jahre zuvor sein „Deutschtum" betont hatte, kann man sich nur schwer vorstellen, daß er dem Zionismus besondere Sympathien entgegenbrachte. Auch weist die erhalten gebliebene Matrikel-Karteikarte der Westfälischen Wilhelms-Universität aus, daß der Student Rolf Bischofswerder nicht etwa einer zionistischen Vereinigung angehörte, sondern dem „Sportbund des Reichsbundes jüdischer Frontsoldaten",[1] also einer Organisation, die für ein Verbleiben der Juden in Deutschland eintrat.

Gleichwohl ist nicht auszuschließen, daß Rolf Bischofswerder unter dem Eindruck der fortwährenden Diskriminierungen und antisemitischen Ausschreitungen seine Meinung geändert hatte und inzwischen mit den Zionisten sympathisierte. Denkbar erscheint auch, daß für ihn zwar eine Auswanderung nach Palästina nicht infrage kam, er aber durchaus bereit war, in ein anderes Land – etwa nach England oder in die Vereinigten Staaten – zu emigrieren. Rolf Bischofswerder war schließlich noch jung genug, anderswo noch einmal ganz von vorne zu beginnen, und anders als viele Juden der älteren Generation ließ er im Falle der Emigration in Deutschland weder Besitz noch berufliche Existenz zurück.

Fest steht allerdings, daß Rolf Bischofswerder weder nach dem Erlaß der „Nürnberger Gesetze" im September 1935 noch zu einem späteren Zeitpunkt emigriert ist. Warum er dies nicht tat, wird sich nicht mehr sicher klären lassen. Möglich, daß er selbst zur Emigration entschlossen war und nur seiner Eltern wegen, die zu diesem Schritt vielleicht nicht bereit waren, in Deutschland geblieben ist. Vielleicht hatte er den Entschluß, das Land zu verlassen, auch nur immer wieder aufgeschoben, bis es schließlich – spätestens mit dem Beginn des Zweiten Weltkrieges – zu spät war.

Jedenfalls setzte Rolf Bischofswerder nach dem im Sommersemester 1935 bestandenen „Physikum" sein Studium an der Universität Münster fort. Auch der Sommer des nächsten Jahres sah ihn in Münster. Die am 1. August 1936 in der Reichshauptstadt Berlin eröffneten Olympischen Spiele hatten den Juden in Deutschland im übrigen noch einmal eine Atempause verschafft.

Auf Anordnung der Partei- und Staatsführung wurde die antisemitische Hetze in Rundfunk und Zeitungen für einige Wochen deutlich eingeschränkt. Vielerorts ließ man die Schilder „Juden unerwünscht" diskret aus dem Straßenbild entfernen. Dies nährte bei manchem deutschen Juden die Illusion, die schlimmste Phase des braunen Antisemitismus sei bereits überstanden. Indessen handelte es sich lediglich um ein taktisches Manöver: Den aus aller Welt angereisten Besuchern der Spiele sollte das

[1] Vgl. Mediziner-Matrikel der Westfälischen Wilhelms-Universität Münster für Rolf Bischofswerder (Ablichtung im Archiv des Verfassers)

Bild eines nach innen und außen friedlichen Deutschlands vorgegaukelt werden. Kaum hatten die ausländischen Gäste Berlin wieder verlassen, setzte die antisemitische Propaganda um so heftiger wieder ein.
Der so sportbegeisterte Rolf Bischofswerder wird die olympischen Wettkämpfe am Radio und in den Zeitungsberichten mit Spannung verfolgt haben. Aber, ob er sich über die Erfolge der deutschen Athleten, etwa über die Goldmedaille des deutschen Schwergewichtsboxers Herbert Runge, noch ebenso freuen konnte wie seine „arischen" Kommilitonen?
Im Wintersemester 1937/38 bestand Rolf Bischofswerder an der Universität Münster das medizinische Staatsexamen. Er war einer der ganz wenigen jüdischen Studenten, die in diesem Jahr in Deutschland noch zum Staatsexamen zugelassen wurden und sogar noch promovieren durften. Zu verdanken hatte er dies allein dem glücklichen Umstand, daß er sein Studium noch vor 1933 begonnen hatte. Wilhelm Brauss, der gemeinsam mit Rolf Bischofswerder schon die „Kleine Vorschule" in Dortmund besucht hatte und anschließend auch am Städtischen Gymnasium sein Klassenkamerad gewesen war, traf ihn während des mehrtägigen Staatsexamens in Münster. Er erinnert sich noch gut an diese letzte Begegnung mit Rolf Bischofswerder:
„Ich hatte Rolf längere Zeit aus den Augen verloren und sah ihn zufällig während seines Examens in Münster wieder. Er und die übrigen Examenskandidaten waren für die Dauer der Prüfungen in der Universitätsfrauenklinik untergebracht, wo sie auf Feldbetten schliefen. Ich wünschte ihm Erfolg. Daß ich ihn nie wiedersehen würde, ahnte ich damals nicht."[1]
Das medizinische Staatsexamen hatte Rolf Bischofswerder nun zwar bestanden, die erforderliche Approbation, um den Beruf des Arztes in Deutschland ausüben zu können, erhielt er aber selbstverständlich nicht. Jüdische Ärzte durfte es im nationalsozialistischen Deutschland nicht mehr geben. Für Mediziner jüdischer Abstammung gab es nur noch die Möglichkeit, als sogenannte „Krankenbehandler" ausschließlich jüdische Patienten zu betreuen, wenn sie weiterhin in ihrem erlernten Beruf tätig sein wollten. Da Rolf Bischofswerder auch nach dem jetzt erreichten Abschluß seiner medizinischen Ausbildung entschlossen war, in Deutschland zu bleiben, hatte er daher keine andere Wahl, als sich um eine Zulassung als „Krankenbehandler" zu bemühen.
Es gelang dem frisch ausgebildeten Mediziner der Universität Münster sehr schnell, eine Anstellung am Jüdischen Krankenhaus „Israelitisches Asyl für Kranke und Altersschwache" in Köln-Ehrenfeld zu erhalten und dort auch als „Krankenbehandler" zugelassen zu werden. Am 7. April 1938 meldete sich Rolf Bischofswerder beim

[1] Interview des Verfassers mit Prof. Wilhelm Brauss (Heidelberg) vom 14.4.1997

Das Krankenhaus „Israelitisches Asyl“ in Köln-Ehrenfeld

Einwohnermeldeamt der Stadt Dortmund, wo er noch immer unter der Anschrift „Otto-Senft-Straße 141“ in der Wohnung seiner Eltern gemeldet war, nach Köln ab.[1]
Das 1869 gegründete Krankenhaus „Israelitisches Asyl“ befand sich seit 1908 in einem umfangreichen Gebäudekomplex in der Ottostraße 85 in Köln-Ehrenfeld. Jetzt, im Frühling des Jahres 1938, stellte es eine Oase jüdischer Identität inmitten der dem Judentum so feindlichen Umwelt des nationalsozialistischen Deutschlands dar.
Die heute in den Vereinigten Staaten lebende Herta Adler stand im „Israelitischen Asyl“ noch in der Ausbildung zur Krankenschwester, als Rolf Bischofswerder seinen Dienst dort antrat. Sie zeichnet in ihren Erinnerungen das Bild eines lebensbejahenden, überaus fröhlichen jungen Mannes: „Als Dr. Bischofswerder als ganz junger Doktor nach Köln kam, hat niemand ihn ernst genommen. Dieser Mann konnte über alles lachen, und wir jungen Schwestern haben ihm viele Streiche gespielt. Niemals hat er uns das nachgetragen. Im Gegenteil, wann immer er uns helfen konnte, hat er es getan.“[2]

[1] Handschriftliche Eintragung vom selben Tage im Hausstandsbuch „Otto-Senft-Straße 141“ des Einwohnermeldeamtes der Stadt Dortmund (Ablichtung im Archiv des Verfassers)
[2] Briefliche Mitteilung von Frau Herta Adler (USA) vom 28.12.1996 an den Verfasser

Der gutaussehende junge Arzt gefiel nicht nur den Krankenschwestern des „Israelitischen Asyls". Im Kölner „Cafe Jakobi" lernte er die aus Oedt am Niederrhein stammende Ruth Willner kennen, mit der er anschließend eine Zeitlang befreundet blieb. Ruth Willner, die ihren späteren Ehemann Kurt im Ghetto von Riga kennenlernte und heute in New York lebt, denkt noch gern an ihre Freundschaft mit Rolf Bischofswerder zurück: „Rolf war ein sehr anständiger, liebevoller Mann. Wir trafen uns öfter in Köln, und ich brachte ihm das Tanzen bei. Auch nachdem wir uns in aller Freundschaft getrennt hatten, sahen wir uns noch oft in der jüdischen Tanzschule „Grete Keller", wo ich als Tanzlehrerin beschäftigt war. Jeden Sonntag war dort Tanznachmittag, bis eines Tages die Nazis kamen, uns alle hinauswarfen und die Tanzschule schlossen."[1]

Außerhalb der jüdischen Insel des „Israelitischen Asyls" in Köln-Ehrenfeld zogen für die Juden in Deutschland immer dunklere Wolken auf. Am 23. Juli 1938 wurden die Reisemöglichkeiten für Juden durch die Einführung einer besonderen, mit einem eingestempelten „J" versehenen Kennkarte, drastisch eingeschränkt. Der weiteren Ausgrenzung und Diffamierung des jüdischen Bevölkerungsanteils diente auch die Verordnung vom 17. August 1938, wonach Juden zusätzlich zu ihren bisherigen Vornamen die Zwangsvornamen „Israel" bzw. „Sara" führen mußten. Aus Rolf Bischofswerder war nun „Rolf Israel Bischofswerder" geworden.

Höchst beunruhigende und traurige Nachrichten kamen für Rolf Bischofswerder in jenen Tagen auch aus seiner Heimatstadt Dortmund. Schon seit Wochen wurde in der Dortmunder Presse, vornehmlich in der größten Zeitung „Rote Erde", der Abbruch der Synagoge am Neutor gefordert. Das im Jahre 1900 aus rotem westfälischen Sandstein im maurischen Stil erbaute und von gepflegten Gartenanlagen umgebene Gotteshaus wurde nun als „Schandfleck für die Stadt" bezeichnet. Hinter der Kampagne stand der Kreisleiter der Dortmunder NSDAP, Friedrich Hesseldieck, der nicht müde wurde, zu verkünden, daß man auch in Dortmund dem Nürnberger Beispiel der Zerstörung des „Judentempels" folgen werde.

Wegen angeblich dort vorgefundener „staatsfeindlicher Schriften" wurde das Gebäude schließlich beschlagnahmt, und die NSDAP ließ es sich nicht nehmen, den Beginn der Niederlegung der alten Synagoge, in der Rolf Bischofswerder einst seine „Bar Mizwa" gefeiert hatte, am 21. September 1938 mit einer „bedeutsamen Feierstunde für die Geschichte der alten Hansestadt" zu begehen.[2]

[1] Briefliche Mitteilung von Frau Ruth Roseboom, geborene Willner (USA) vom 9. 12. 1996 an den Verfasser

[2] Stadtarchiv Dortmund: Widerstand und Verfolgung in Dortmund, S. 280

Die Große Synagoge in Dortmund

Nur einen Monat später begann mit der sogenannten „Polenaktion“ vom 28. Oktober 1938 ein Drama, das den noch in Deutschland verbliebenen Juden endgültig alle Illusionen über die Absichten der Nationalsozialisten nehmen sollte. In dieser Nacht wurden in Köln – wie im gesamten Reichsgebiet – alle staatenlosen und polnischen Juden verhaftet, um am folgenden Tag über die Grenze nach Polen abgeschoben zu werden. Unter den bei der „Polenaktion“ aus Hannover nach Polen abgeschobenen Juden befand sich die Familie Grynszpan. Deren 17jähriger Sohn Herschel verübte nun am 7. November 1938 in Paris ein Attentat auf den deutschen Legationssekretär Ernst vom Rath, um das Schicksal seiner Familie zu rächen.
Den Nationalsozialisten lieferte der Tod des deutschen Diplomaten den Vorwand zu einem Pogrom, der in der Nacht zum 10. November 1938 im gesamten Reichsgebiet begann. Die genauen Anweisungen dazu lieferte ein geheimes Fernschreiben des Chefs der Geheimen Staatspolizei in Berlin, Heinrich Müller, das in derselben Nacht an alle Stapostellen und Stapoleitstellen des Reichs gesandt wurde:

„1. Es werden in kürzester Frist in ganz Deutschland Aktionen gegen Juden, insbesondere gegen deren Synagogen, stattfinden. Sie sind nicht zu stören, jedoch ist im Benehmen mit der Ordnungspolizei sicherzustellen, daß Plünderungen und sonstige besondere Ausschreitungen unterbunden werden können.

2. Sofern sich in Synagogen wichtiges Archivmaterial befindet, ist dies durch eine sofortige Maßnahme sicherzustellen.
3. Es ist vorzubereiten die Festnahme von etwa 20.000 – 30.000 Juden im Reiche. Es sind auszuwählen vor allem vermögende Juden. Nähere Anordnungen ergehen noch im Laufe der Nacht.
4. Sollten bei den kommenden Aktionen Juden im Besitz von Waffen angetroffen werden, so sind die schärfsten Maßnahmen durchzuführen. Zu den Gesamtaktionen können herangezogen werden Verfügungstruppen der SS sowie allgemeine SS. Durch entsprechende Maßnahmen ist die Führung der Aktionen durch die Stapo auf jeden Fall sicherzustellen.“[1]

Der in der Nacht beginnende Pogrom lief in ganz Deutschland nach demselben Muster ab. Tobende Horden uniformierter und nichtuniformierter Nazi-Anhänger schlugen die Scheiben jüdischer Geschäfte ein und plünderten die Auslagen. Gewaltsam drangen sie in die Wohnungen von Juden ein, schlugen das Mobiliar kurz und klein oder warfen es aus den Fenstern auf die Straße. Zahllose jüdische Menschen wurden schwer mißhandelt, mindestens 91 ermordet. Etwa 26.000 Juden männlichen Geschlechts wurden in Konzentrationslager eingeliefert und dort unter unmenschlichen Bedingungen wochenlang festgehalten. Überall in den Dörfern und Städten des Landes gingen die Synagogen in Flammen auf.

In Köln wurden die Synagogen in der Glockengasse, der Roonstraße, in der St.-Apern-Straße und auf der Mülheimer Freiheit sowie der Betsaal in Deutz niedergebrannt. In der Fridolinstraße, unweit des Krankenhauses „Israelitisches Asyl“ in Köln-Ehrenfeld, sprang eine Jüdin in Todesangst aus dem Fenster des zweiten Stocks, als SS-Männer in ihre Wohnung eindrangen.

Wir wissen nicht, ob Rolf Bischofswerder, der nach den Berichten seiner Freunde und Bekannten kein besonders religiöser Jude gewesen sein soll, regelmäßig die Ehrenfelder Synagoge in der Körnerstraße aufgesucht hat. Auch dieses Gotteshaus wurde während des Pogroms verwüstet. Heinz Grünebaum, der damals 15 Jahre alte Sohn des dortigen Kantors, mußte es mit ansehen:

„Wir wohnten in dem Häuschen, das direkt an der Synagoge lag. Wenn ich mich recht erinnere, kam kurz vor dem 9. November ein Polizist bei uns vorbei und erkundigte

[1] Abgedruckt bei Thalmann-Feinermann: Die Kristallnacht, S. 83

sich, ob wir Waffen im Hause hätten. Wenn ja, seien sie abzugeben. Am Morgen des 9. oder 10. November versammelten sich einige Leute vor dem Gittertor, das auf den Hof der Synagoge führte. Zwei Leute, die in Halbzivil gekleidet waren, sie hatten lange Stiefel und dunkle, schwarze Hosen an, läuteten und verlangten Eintritt. Sie bestanden darauf, Einlaß in die Synagoge zu bekommen, aber ich kann mich nicht erinnern, daß sie irgendwelche Ausweise oder Eintrittsbefugnisse vorlegten. Sie hatten auch Äxte dabei. Ich ging mit ihnen in die Synagoge, und sie fingen an, mit diesen Äxten die Bänke zu zerschlagen.

Ich nahm das ganze so wie etwas Abenteuerliches und Traumartiges auf, stand einige Zeit neben ihnen und empfand so ein Gefühl des Trotzes. Sie kümmerten sich auch nicht um mich, sondern schlugen auf alles, zerschlugen auch den Almenor, das heißt das Pult, auf dem die Thorarollen verlesen werden. Nach einiger Zeit ging ich hinaus. Für das Folgende ist mein Gedächtnis nicht mehr so klar. Ich weiß aber noch, daß dann eine neue Gruppe von Leuten hereinkam, den Eintritt in unser Häuschen erzwang, anfing, die Möbel herauszuwerfen und sie auf dem Hof in Brand zu stecken. In der Zwischenzeit hatte sich draußen eine ziemliche Menschenmenge versammelt, und – in dieser Beziehung ist mein Gedächtnis ganz klar – es war eine Menschenmenge, aus der gar kein Laut kam. Es herrschte Schweigen. Es war weder Anteilnahme für uns noch Ermutigung für die Aktivitäten dieser Leute zu merken.“[1]

Während überall in Köln jüdisches Eigentum vernichtet oder geplündert wurde, und Hunderte jüdischer Männer verhaftet und in das Konzentrationslager Dachau verschleppt wurden, blieben – wie durch ein Wunder – die Ärzte, Pfleger und Patienten des „Israelitischen Asyls“ in Köln-Ehrenfeld von jeglichen Übergriffen verschont. Eine jüdische Ärztin des „Israelitischen Asyls“ hat die dramatischen Stunden des Pogroms geschildert:

„Jener 10. November. Sehen Sie mal nach, ich kriege jetzt noch eine Gänsehaut. Wissen Sie, wie wir geheißen haben? – Das Jüdden-Asyl. Die Ehrenfelder sind haufenweise gekommen. Ich hatte in der Nacht schon Verletzte ... Am Morgen waren dann so viele angekommen, die gar nicht krank waren, die Flüchtlinge waren. Wir wußten gar nicht, wo wir sie unterbringen sollten, wir haben sie dann alle unten in die Badeanstalt gesteckt. Dann habe ich versucht, meine Mutter anzurufen, die hatte noch ein jüdisches Dienstmädchen und einen blinden, alten Mann. Da unser Telefon natürlich dauernd besetzt war, habe ich mir eine Minute Zeit genommen und bin in die Ottostraße an die Telefonzelle, um meine Eltern anzurufen. Da stand eine Frau, und in der Telefonzelle stand ein Arbeiter, der hat mich sofort hereingenommen, vor der Frau, und hat gesagt, komm rein, mach deinen Anruf. Der muß gewußt haben, wer ich war.

[1] Becker-Jakli: Ich habe Köln doch so geliebt, S. 258

Dann habe ich meiner Mutter gesagt, es geht los mit dem Pogrom, komme sofort mit der Klara und meinem Vater in mein Zimmer, da ist es sicherer. Die wußten noch von nichts."[1]

Dieselbe Ärztin glaubt im übrigen, das „Israelitische Asyl" sei während des Novemberpogroms auf ausdrückliche Anordnung eines hohen SS-Offiziers von den Ausschreitungen verschont geblieben. Dessen kleinen Sohn hätten Ärzte des „Israelitischen Asyls" einige Jahre zuvor nach einem Flugzeugabsturz gesundgepflegt, und aus Dankbarkeit dafür habe der SS-Offizier während des Pogroms seine schützende Hand über das jüdische Krankenhaus gehalten:

„Angeblich ist dieser Vater zum Polizeipräsidenten gegangen, die wußten doch, wann die Aktionen losgingen. 10. November. Und da hat er gesagt, im Asyl darf nichts passieren. Ist auch nichts passiert. Es ist kein Mob reingekommen; unsere Polizei ist, es war ja ein ganzer Block, um den rumgegangen, die ganze Zeit. Unsere Polizei war am Ehrenfeldgürtel, und die haben alle das Asyl geliebt. Und es ist kein einziger, weder SS-Mann noch andere Dreckspätze, reingekommen, und sie haben keinen von unseren Doktoren rausgeholt. In allen anderen jüdischen Krankenhäusern sind die Doktoren rausgeholt worden. Also das, finde ich, ist schon eine tolle Sache."[2]

Rolf Bischofswerders Vater, der den Pogrom in Dortmund erlebte, hatte weniger Glück als sein Sohn. Im Haftbuch der Dortmunder Steinwache ist unter dem 10. November 1938 vermerkt, daß der Tierarzt Nathan Bischofswerder um 10.40 Uhr „zum Weitertransport entlassen" worden sei.[3] Der Transport ging in das Konzentrationslager Sachsenhausen. Erst nach mehrwöchiger „Schutzhaft" kam Rolf Bischofswerders Vater wieder frei.

Mit dem Pogrom vom 9. November 1938 hatten die Nationalsozialisten ihr Ziel erreicht: Noch einmal, wie schon im Februar 1933, setzte eine panische Flucht der deutschen Juden ins Ausland ein. Wer immer sich ein Einreisevisum verschaffen konnte, verließ nun das Land. Unter den jüdischen Emigranten jener Wochen waren auch mehrere Ärzte des „Israelitischen Asyls". Für ausgebildete Mediziner war es immerhin leichter, ein Land zu finden, das bereit war, sie aufzunehmen, als etwa für Kaufleute oder Juristen.

Rolf Bischofswerder blieb auch jetzt noch in Köln. Hatte er sich vergeblich um ein Einreisevisum bemüht oder blieb er, weil er seine Eltern in Dortmund, vielleicht auch seine Patienten in Köln nicht im Stich lassen wollte? – Vielleicht hätte Rolf Bischofswerder jetzt „Himmel und Hölle in Bewegung gesetzt", um doch noch aus Deutschland herauszukommen, wenn er – wie die meisten jüdischen Männer seines Alters – im Anschluß an den Novemberpogrom einige Wochen „Schutzhaft" in einem Kon-

[1] Becker-Jakli: Ich habe Köln doch so geliebt, S. 349
[2] Becker-Jakli: Ich habe Köln doch so geliebt, S. 350
[3] Haftbuch Steinwache Dortmund, Staatsarchiv NW Münster, Polizeipräsidien Nr. 1448

zentrationslager durchlitten hätte? – Vielleicht lag gerade darin, daß er am 9. November 1938 persönlich unbehelligt geblieben war, sein Verhängnis? – Wir werden es nie erfahren.

So blieb Rolf Bischofswerder auch nach dem Pogrom vom 9. November in Deutschland. Und vermutlich hörte er mit demselben Entsetzen wie alle im Lande gebliebenen Juden die Rede, die Hitler am 30. Januar 1939 vor dem Reichstag hielt, und in der er vor dem ganzen deutschen Volk offen aussprach, welches Schicksal er den Juden Europas zugedacht hatte:

„Ich will heute wieder ein Prophet sein. Wenn es dem internationalen Finanzjudentum in und außerhalb Europas gelingen sollte, die Völker noch einmal in einen Weltkrieg zu stürzen, dann wird das Ergebnis nicht die Bolschewisierung der Erde und damit der Sieg des Judentums sein, sondern die Vernichtung der jüdischen Rasse in Europa."

Der Frühling und der Sommer des Jahres 1939 standen in ganz Europa im Zeichen wachsender Kriegsfurcht. Angesichts der inzwischen entwickelten Massenvernichtungwaffen ahnten die Menschen, welche Leiden in einem neuen Weltkrieg auch auf die Zivilbevölkerung zukommen würden. Die Juden in Deutschland fürchteten nach

Als Juden verkleidete Karnevalisten verhöhnen auf einem Festwagen des Kölner- Rosenmontagszuges ihre jüdischen Mitbürger

der so unverhüllten Drohung Hitlers nicht nur die Schrecken des Krieges. Den meisten von ihnen war auch klar, daß sie endgültig in der Falle sitzen würden, sollte der drohende Krieg tatsächlich ausbrechen.
Noch war das Tor zur Emigration und zum Verlassen des gefährdeten Kontinents zumindest für die jungen, gutausgebildeten und vermögenden Juden Deutschlands nicht ganz verschlossen. Doch von den mehr als 6000 Juden, die im Sommer 1939 noch in Köln lebten, sollte es tatsächlich nur noch wenigen gelingen, Deutschland vor dem Beginn des Holocaust zu verlassen. Derweil verhöhnten die Kölner Karnevalsvereine auf ihren Rosenmontagswagen die „nach Palästina abziehenden Juden". Ob auch Rolf Bischofswerder unter den Zuschauern war, die den Weg dieses makabren Rosenmontagszuges säumten?
Tröstlich bleibt, daß Rolf Bischofswerder wenigstens im ganz privaten Bereich inzwischen sein Glück gefunden hatte: In der chirurgischen Abteilung des „Israelitischen Asyls" arbeitete er seit langem mit der Operationsschwester Ruth Lilienfeld zusammen, mit der ihn bald eine tiefe Beziehung verband.
Die am 28. November 1917 in Recklinghausen geborene junge Frau hatte ihrer jüdischen Abstammung wegen kurz vor dem Abitur das Städtische Lyceum in Recklinghausen verlassen müssen. Im April 1937 hatte sie daraufhin am „Israelitischen Asyl" in Köln-Ehrenfeld eine Ausbildung zur Krankenschwester begonnen. „Ruth war im Dienst sehr schroff, aber außerhalb ihrer Arbeit hatte sie ein Herz aus Gold. Rolf und Ruth waren für einander geboren", erinnert sich Herta Adler an ihre Freundin Ruth Lilienfeld.[1]
Als sich der Sommer des Jahres 1939 seinem Ende zuneigte, begann mit dem deutschen Angriff auf Polen am 1. September der Zweite Weltkrieg. Für Juden traten am selben Tag drastische Ausgangsbeschränkungen in Kraft: Sie durften abends (im Winter ab 20.00 Uhr, im Sommer ab 21.00 Uhr) ihre Wohnungen nicht mehr verlassen, ein Verbot, das durch abendliche Besuche der Schutzpolizei oder Gestapo streng kontrolliert wurde.
Weitere antijüdische Maßnahmen folgten noch im selben Monat: Vom 12. September 1939 an durften Juden nur noch in besonderen, ihnen ausdrücklich zugewiesenen, Lebensmittelgeschäften einkaufen. Acht Tage später wurde ihnen der Besitz von Rundfunkempfängern verboten.
Das zweite Kriegsjahr, das für die Wehrmacht mit berauschenden Siegen begann, brachte den deutschen Juden höchst beunruhigende Nachrichten aus dem besetzten Polen. In Lodz (30. April 1940) und Warschau (16. Oktober 1940) hatte man damit begonnen, die jüdische Bevölkerung in hermetisch abgeriegelten Ghettos unterzubringen. Beinahe noch alarmierender waren allerdings die Nachrichten aus dem

[1] Briefliche Mitteilung von Frau Herta Adler (USA) vom 28. 12. 1996 an den Verfasser

Westen: Im Rahmen der sogenannten „Bürckel-Aktion“ waren die deutschen Juden aus Elsaß-Lothringen, dem Saarland, der Pfalz und Baden nach Südfrankreich deportiert worden, wo sie seitdem von dem mit Nazi-Deutschland sympathisierenden Vichy-Regime in Lagern gefangengehalten wurden.

Um die Mitte des folgenden Jahres liefen auch in Köln die Vorbereitungen für die Deportation der Juden an. Zum bequemeren Abtransport der Menschen wurde am 12. Mai 1941 angeordnet, daß alle Juden ihre Wohnungen auf der rechten Rheinseite (Deutz, Kalk und Mülheim) sowie der südlichen und westlichen Vororte (Bayenthal, Marienburg, Zollstock, Klettenberg, Sülz, Lindenthal, Braunsfeld und Müngersdorf) zu räumen hätten. Statt dessen wurden die jüdischen Bürger Kölns in speziellen „Judenhäusern“ in der Alt- und Neustadt sowie in den nördlichen Vororten Ehrenfeld und Nippes konzentriert.[1]

Vier Monate später, am 19. September 1941, trat die „Polizeiverordnung zur Kennzeichnung der Juden“ in Kraft. Von diesem Tag an mußte Rolf Bischofswerder wie jeder deutsche Jude – einen handtellergroßen, sechszackigen gelben Stern auf der linken Brustseite tragen. Der Stern war schwarz umrandet und trug die Aufschrift „Jude“ in schwarzen, die hebräische Schrift parodierenden Buchstaben. Gleichzeitig wurde den Juden verboten, ihren Wohnbezirk ohne polizeiliche Genehmigung zu verlassen. Die öffentliche Stigmatisierung sollte den Nazi-Behörden helfen, ihre Opfer schnell und störungsfrei zu erfassen. Sie signalisierte damit zugleich, daß nun die planmäßige Deportation der Juden unmittelbar bevorstand.

[1] Asaria: Die Juden in Köln, S. 366

3. Kapitel: Deportation

Im Herbst des Jahres 1941 begannen im gesamten Reichsgebiet die Massendeportationen jüdischer Bürger in die von der deutschen Wehrmacht eroberten Ostgebiete. Auch in Köln erhielt nun der Vorstand der Synagogen-Gemeinde von der Gestapo den Befehl, Listen der zu deportierenden Menschen anzufertigen und die darin Aufgeführten von ihrem bevorstehenden Abtransport zu verständigen.

Der erste Transport, der 1018 jüdische Bürger der Stadt nach Litzmannstadt (Lodz) bringen sollte, verließ Köln am 21. Oktober 1941. Insgesamt 37 der zu diesem Transport aufgerufenen Personen hatten sich schon vor der Deportation das Leben genommen.[1] Für Rolf Bischofswerder und Ruth Lilienfeld hieß es nun, Abschied zu nehmen von liebgewordenen Kollegen und Mitarbeitern, denn unter den Unglücklichen, die die Fahrt ins deutschbesetzte Polen antreten mußten, befanden sich auch Ärzte und Pflegepersonal des Israelitischen Asyls, so die Ärzte Prof. Dr. Herbert Lewin, Dr. Otto Wolf, Dr. Hugo Zade und Dr. Ursula Zade.[2] Es sollte ein Abschied für immer sein.

Der nächste Deportationszug, der wiederum nach Litzmannstadt ging, verließ Köln am 28. Oktober 1941 mit 973 Personen. Geleitet wurde dieser Transport von dem Juristen Dr. Albert Kramer. Dem Transport mußten sich nun auch 59 Personen anschließen, die bei der Deportation eine Woche zuvor zurückgestellt worden waren. Auch hier handelte es sich ausschließlich um Kölner, überwiegend um Familien, darunter 117 Kinder bis zu 14 Jahren; 365 Personen waren über 65 Jahre alt. Nach einer Charakterisierung der Gestapo in Litzmannstadt – offenbar im Hinblick auf ihren künftigen Arbeitseinsatz – setzte sich die Gruppe hauptsächlich aus Geschäftsinhabern, Handelsvertretern, Reisenden und Angestellten in kaufmännischen Berufen zusammen. Vertreten waren aber auch Rechtsanwälte, Lehrer, Metzger und Polsterer. Seit Kriegsausbruch hatten die meisten von ihnen allerdings als Handlanger – überwiegend im Tiefbau – arbeiten müssen.

Auch in den Transport vom 28. Oktober 1941 wurden mehrere Ärzte, Schwestern und Krankenpfleger des Israelitischen Asyls eingereiht. Dr. Rolf Bischofswerder und Ruth Lilienfeld blieben nochmals verschont und durften für eine letzte Frist in Köln bleiben. Doch das Damokles-Schwert der Deportation in den Osten hing über ihnen, und sie machten sich keine Illusionen darüber, daß sie mit dem nächsten oder spätestens übernächsten Transport ebenfalls deportiert werden würden.

1 Gedenkbuch der Stadt Köln, S. 536

2 Dr. Hugo und Dr. Ursula Zade starben 1944 in Auschwitz. Prof. Dr. Herbert Lewin, Chefarzt der Gynäkologie im Israelitischen Asyl, wurde im August 1944 nach Auschwitz und von dort in weitere Lager verschleppt. Er erlebte die Befreiung in Theresienstadt. Lewin kehrte nach Köln zurück und wurde 1945 Vorsitzender der Synagogen-Gemeinde. 1982 starb er in Wiesbaden.

Ruth Lilienfelds Eltern und ihre Schwester Hilde waren zwei Tage zuvor, am 26. Oktober, bereits nach Litzmannstadt abtransportiert worden. Sie hatten den Deportationsbescheid in Essen erhalten und sahen im Ghetto der Stadt jenseits der Warthe einem äußerst ungewissen Schicksal entgegen.[1]
Aber nicht nur die Angst um die Angehörigen im Ghetto von Litzmannstadt und die Sorge, was sie selbst demnächst in Polen oder Rußland erwarten würde, bedrückten die beiden jungen Menschen. Ebenso quälend war eine andere Sorge: Würden sie als Nichtverheiratete im Falle der Deportation zusammenbleiben können oder würden sie, gewaltsam getrennt, jeder an einen anderen Ort im Osten verschickt werden? – Ehepartner und Familien wurden dagegen in aller Regel gemeinsam deportiert. Auch diese Überlegung bestärkte Rolf Bischofswerder und Ruth Lilienfeld in ihrem Wunsch, möglichst schnell zu heiraten. Beim zuständigen Standesamt Köln-Ehrenfeld bestellten sie sofort das Aufgebot.
Schon wenige Tage später, am 13. November 1941, kündigte ein Rundschreiben der Synagogen-Gemeinde Köln den nächsten Deportationszug an. Als Bestimmungsort wurde die weißrussische Gebietshauptstadt Minsk angegeben:
„An alle Juden in Köln!
Am 8. Dezember 1941 geht ein weiterer Transport von 1000 Personen, und zwar nach Minsk. Die hierfür bestimmten Personen werden noch ein besonderes Benachrichtigungsschreiben von uns erhalten. Es ist aber wichtig, daß alle Juden schon jetzt über die zu treffenden Maßnahmen unterrichtet werden, um sich für diesen Transport vorzubereiten oder in der Lage zu sein, den für den Transport bestimmten Personen in jeder Weise zu helfen.
Es kann mitgebracht werden: a) ein Koffer mit Ausrüstungsstücken, Bettzeug mit Decken evtl. in einem weiteren Koffer, alles zusammen bis zu einem Gesamtgewicht von 25 kg pro Person. b) Verpflegung für 4 Tage. Verpflegung, Toilettenartikel usw. dürfen im Rucksack getragen werden. Weiter sind mitzunehmen: Matratzen, und zwar Auflegematratzen. Die einzelnen Teile der Matratzen sind deutlich mit Namen zu versehen. Gegebenenfalls muß man sich bemühen, im Tauschwege derartige Auflegematratzen zu besorgen. Wer zum Transport bestimmt ist und keine Auflegematratze zu erhalten weiß, kann sich an unsere Abteilung „Fürsorge“, Rubensstraße 33, wenden, die versuchen wird, ihm bei der Besorgung dieser Matratzen behilflich zu sein.
Ferner sind mitzunehmen: Eßgeschirr, Teller, Topf, Löffel – keine Messer und Gabel – Öfen, Ofenrohre, Ofenbleche, große Kochkessel, Waschkessel, Waschpulver, Seife und sonstige für den Haushalt unbedingt notwendige Gegenstände, wie Besen, Schrubber, Aufnehmer. Spaten, Hacken, Beile, Äxte, Hammer, Zangen, Nägel und

[1] Ruth Lilienfelds Vater starb am 27.6.1942 im Ghetto, seine Ehefrau Meta am 20.8.1942. Hilde Lilienfeld blieb verschollen. Vgl. Hermann Schröter: Geschichte und Schicksal der Essener Juden, S. 370

sonstiges Werkzeug werden in großer Zahl benötigt; diese sollen aber nur aus Beständen genommen und nicht neu erworben werden. Die Gemeinschaft benötigt ferner ca. 15 Nähmaschinen.
Wir bitten alle Gemeindemitglieder, verfügbare Öfen, Kochkessel, Waschkessel und Nähmaschinen etc. bis zum 20. ds. Mts. unserer Abteilung „Fürsorge", Rubensstraße 33, zu melden, damit von dieser eine Auswahl getroffen werden kann. Das schwere Gepäck, wie Matratzen, Werkzeuge, Öfen etc., wird nach einer bestimmten Ordnung rechtzeitig von uns abgeholt werden und direkt zur Verladung gebracht. Nähere Anweisung darüber folgt noch. Der Koffer mit Ausrüstungsgegenständen sowie das Bettzeug und die Verpflegung sind wie bisher von den Transportteilnehmern selbst zu tragen. Es wird nochmals auf ein handliches Verpacken hingewiesen, so daß jeder selbst zum Tragen seines Gepäcks in der Lage ist. Insbesondere weisen wir darauf hin, daß für gutes Schuhwerk und warme Sachen Sorge getragen werden muß. Soweit die Teilnehmer sich nicht selbst versorgen können, ist die Kleiderkammer der Synagogen-Gemeinde, Rubensstraße 33, gegen Vorzeigung der Aufforderung zum Transport, soweit die Vorräte reichen, zur Ausgabe bereit.
Im Gegensatz zu der Handhabung bei den beiden ersten Transporten ist das mitzunehmende Geld zusammen mit der Vermögenserklärung bei uns abzuliefern, und zwar mindestens RM 50,–, höchstens RM 100,– je Person. Soweit dieser Betrag in Einzelfällen nicht oder nicht ganz zur Verfügung steht, ist in Aussicht genommen, zusätzlich finanziell zu helfen. Anträge dieserhalb sind von den Betreffenden rechtzeitig bei unserer Verwaltung, Roonstraße 50, Zimmer 1, zu stellen. Der Gegenwert der abgelieferten Gelder wird dem Transportführer in Form eines Reichsbankschecks mitgegeben. Auf unser Rundschreiben vom 26. 10. 1941 betr. Verfügungsverbot wird nochmals hingewiesen. Geldliche Zuwendungen für die Zwecke der Evakuierung können nur von Personen, die hierbleiben, an die Synagogen-Gemeinde gemacht werden.
Allein zurückbleibende alte und gebrechliche Personen mögen sich zwecks evtl. Unterbringung in einem Altersheim an unsere Abteilung „Fürsorge", Rubenstraße 33, wenden. Soweit eine Unterbringung im Altersheim erfolgt, sind Möbel und Wäschestücke hierfür zur Verfügung zu stellen.

Der Vorstand".[1]

Wenige Tage nach Erhalt dieses alarmierenden Rundschreibens bekamen Ruth Lilienfeld und Rolf Bischofswerder die gefürchteten „Listen", den Deportationsbescheid für den 6. Dezember 1941.[2] Als Bestimmungsort des Deportationszuges war nun allerdings nicht mehr wie ursprünglich angekündigt – Minsk, sondern die lettische

[1] Abgedruckt bei Asaria: Die Juden in Köln, S. 368 f.
[2] Vgl. laufende Nr. 518 und 765 der Transportliste vom 6. 12. 1941. Eine vollständige Abschrift dieser Transportliste befindet sich im Märkischen Museum der Stadt Witten (Ablichtung im Archiv des Verfassers)

Hauptstadt Riga angegeben. Bei allem Unglück gab es zumindest etwas Tröstliches für die beiden: Sie waren demselben Transport zugeteilt, würden nicht von einander getrennt werden.

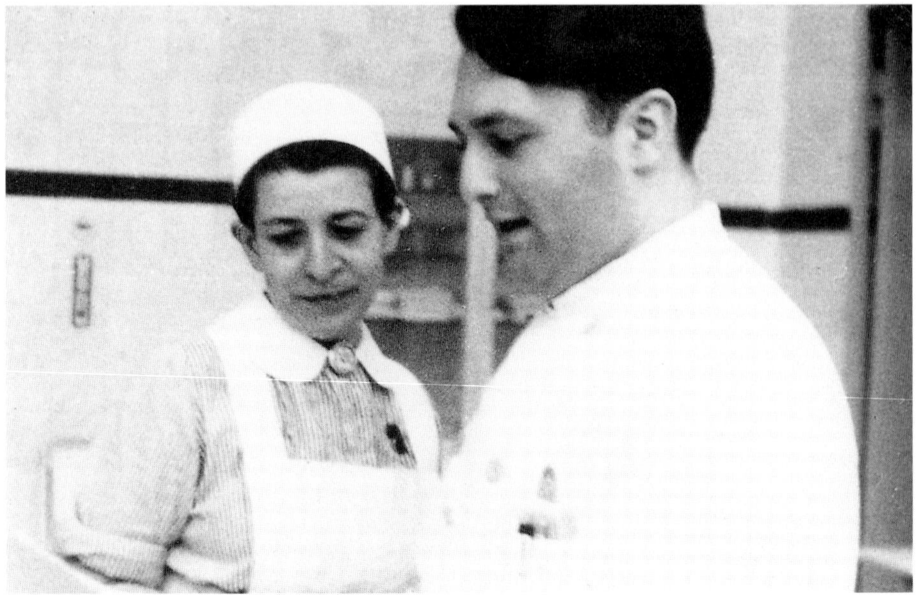

Dr. Rolf Bischofswerder mit Schwester Katz 1941 in Köln

Welche Vorstellungen Rolf Bischofswerder und seine Verlobte Ruth Lilienfeld mit der Stadt Riga verbanden, als sie den Deportationsbescheid erhielten, wissen wir nicht. Vermutlich werden die beiden über die Stadt im Zentrum des Baltikums nicht viel mehr gewußt haben, als der Geographieunterricht eines deutschen Gymnasiums gemeinhin vermittelte. Ganz sicher aber hatten sie in dem von Auslandsnachrichten weitestgehend abgeschnittenen Nazideutschland nicht erfahren, welchen grauenhaften Exzessen die jüdische Bevölkerung Lettlands seit einigen Monaten ausgesetzt war. Hätten die beiden jungen Leute auch nur eine ungefähre Vorstellung davon gehabt, was sich zur selben Zeit an ihrem Bestimmungsort tatsächlich ereignete, der Deportationsbescheid „Riga“ hätte blankes Entsetzen bei ihnen ausgelöst.

Ruth Bischofswerder, geborene Lilienfeld, 1941 in Köln

Am 1. Juli 1941 – neun Tage nach ihrem Einmarsch in die Sowjetunion – hatte die deutsche Wehrmacht Riga besetzt. Schon am nächsten Tag hatten lettische Einheiten – vornehmlich der faschistischen Organisation „Perkonkrust“ – damit begonnen, unvorstellbar grausame Massaker unter den Juden Lettlands anzurichten. Im Verlauf der von den deutschen Besatzungsbehörden teils stillschweigend geduldeten, teils auch ermunterten Pogrome waren mehrere Tausend Juden gefoltert und ermordet worden. Die meisten von ihnen hatte man unweit von Riga, im Wald von Bikernicki, erschossen und in Massengräbern verscharrt.

Von Mitte August 1941 an hatten sich die überlebenden Juden in einem Ghetto einfinden müssen, das man in einem nördlichen Vorort von Riga, dem sogenannten „Moskauer Viertel“, eingerichtet hatte. Als dieses Ghetto endgültig abgeriegelt worden war, hatten sich dort 29.602 Juden aufgehalten, von denen allerdings nur 4000 Männer und 1000 Frauen als Zwangsarbeiter amtlich registriert worden waren. Um das Ghetto war ein hoher Zaun errichtet worden, lettische Wachen kontrollierten die Ein- und Ausgänge. Das Ghetto selbst umfaßte eine Fläche von 9000 Quadratmetern und war vollkommen überfüllt. Die meisten Häuser waren baufällig, die sanitären Einrichtungen völlig unzureichend.

Rolf Bischofswerder und Ruth Lilienfeld wußten von all dem nichts, insbesondere wußten sie nicht, daß sie in Riga in ein Ghetto eingewiesen werden sollten, das schon jetzt völlig überfüllt war. Noch viel weniger konnten sie auch nur ahnen, daß die Deportation nach Riga für fast alle der Aufgerufenen eine Fahrt in den Tod bedeuten würde. Ein staatlich organisierter Mord solchen Ausmaßes mußte im Spätherbst des Jahres 1941 nahezu jedem unvorstellbar erscheinen. Die wenigen Überlebenden des Kölner Transports haben denn auch nach Kriegsende übereinstimmend bekundet, sie hätten den Deportationszug in dem Glauben bestiegen, sie kämen zum Zwecke des Arbeitseinsatzes nach Riga. Sie dachten an geschlossene Lager mit harten Lebensbedingungen, nicht aber an einen bevorstehenden Massenmord.

Nichts anderes als einen Arbeitseinsatz im Osten täuschten den Aufgerufenen auch die beteiligten deutschen Dienststellen vor. Der gleichfalls in die Vorbereitung der Deportationen eingespannte Vorstand der Synagogen-Gemeinde wußte es nicht besser. Gerade aber dessen Rundschreiben vom 13. November 1941, in dem ausdrücklich zur Mitnahme verschiedener Arbeitsgeräte aufgerufen wurde, zerstreute aufkommende Bedenken der zur Deportation Aufgerufenen und bestärkte die Menschen in ihrer Erwartung, lediglich zum Arbeitseinsatz nach Riga verschickt zu werden.

Schlimmere, wenn auch wohl unbestimmte Befürchtungen, hatten nur die Kölner Juden, die bereits die Konzentrationslager des „Dritten Reiches“ kennengelernt hatten. Dies waren vorwiegend männliche Juden, die im Zuge des Pogroms vom 9. November 1938 für Wochen oder Monate in sogenannte „Schutzhaft“ genommen worden waren. Diese Männer hatten bereits einen Vorgeschmack von der barbarischen Grausamkeit der Nazi-Schergen erhalten. Vornehmlich aus diesem Personenkreis kamen dementsprechend jene Kölner Juden, die die Fahrt nach Riga gar nicht

mehr antraten, sondern sich nach Erhalt des Deportationsbescheides das Leben nahmen.
Rolf Bischofswerder und Ruth Lilienfeld fehlte die bittere Erfahrung der KZ-Haft. Sie dürften der Deportation nach Riga daher mit ähnlichen Erwartungen entgegengesehen haben wie die ganz überwiegende Mehrzahl der mit ihnen zum Transport Aufgerufenen: Zwar unbestimmte Ängste im Hinblick auf ein völlig ungewisses Schicksal im Osten, aber keine konkrete Todesfurcht.
Und selbst wenn Rolf Bischofswerder und seine Verlobte derartige Befürchtungen gehabt hätten? – Wie hätten sie sich der Deportation nach Riga entziehen sollen? – Der Versuch, unterzutauchen und auf unabsehbare Zeit – vielleicht für Jahre – ein Leben in der Illegalität zu führen, mußte mehr als abenteuerlich erscheinen und kam als ernsthafte Alternative überhaupt nur in Betracht, wenn man „arische“ Freunde besaß, die nicht nur den Mut, sondern auch die Möglichkeit hatten, Juden jahrelang zu verstecken und zu versorgen. Ob Rolf Bischofswerder und Ruth Lilienfeld eine solche Alternative überhaupt erwogen haben, ist nicht bekannt. Zu bedenken blieb für sie ja auch, daß ein Abtauchen in die Illegalität die in Dortmund sowie im Ghetto von Litzmannstadt zurückbleibenden Eltern und Schwiegereltern schwersten Repressalien seitens der Gestapo ausgeliefert hätte.
Sehr viel Zeit, sich Gedanken über die nächste Zukunft zu machen, blieb dem jungen Paar im übrigen gar nicht. Während der wenigen Tage, die sie noch bis zur Abfahrt des Deportationszuges hatten, waren zahlreiche Reisevorbereitungen zu treffen. Fehlende Ausrüstungsstücke, wie Koffer, Taschen und Werkzeuge, mußten gekauft oder eingetauscht werden, ein unter den Bedingungen der in Deutschland herrschenden Kriegswirtschaft keineswegs einfaches Unterfangen. Angesichts der in Riga zu erwartenden harten Winter war die Garderobe zu ergänzen und gleichzeitig auf das Zweckmäßigste zu beschränken. Alles, was auf die Fahrt nach Riga mitgenommen werden sollte, mußte handlich verpackt und auf die wenigen Koffer und Taschen verteilt werden. Vielleicht haben Rolf Bischofswerder und Ruth Lilienfeld – wie viele andere der zur Deportation Aufgerufenen – viel Zeit darauf verwendet, Schmuck und Geldscheine in Kleidungsstücke einzunähen oder unter doppelten Böden von Koffern und Taschen zu verstecken, um sie so durch die zu erwartenden Kontrollen zu schmuggeln: Als stille Reserve für Zeiten größter Not.
Wie schwer wird es den beiden gefallen sein, sich von liebgewordenen Gegenständen, die nicht mitgenommen werden konnten, zu trennen. Von persönlichen Erinnerungsstücken, von Briefen und Photos, von den Büchern, die Rolf Bischofswerder so liebte. Manches davon werden die beiden jungen Menschen noch an Freunde und Bekannte verschenkt haben.
Das Schwerste aber wird gewesen sein, Abschied zu nehmen von Freunden und Bekannten. Ruth Lilienfeld hatte keine Möglichkeit mehr, sich von ihren Eltern und ihrer Schwester zu verabschieden, denn die saßen ja unerreichbar gefangen im Ghetto von Litzmannstadt. Wir wissen aber, daß Rolf Bischofswerders Vater – und ver-

mutlich auch seine Mutter – noch am 5. Oktober in Köln waren. An diesem Tag schlossen nämlich vor dem Standesbeamten in Köln-Ehrenfeld – wie es in der amtlichen Urkunde vom selben Tag heißt – „der Krankenbehandler Rolf Israel Bischofswerder und die Krankenschwester Ruth Sophie Sara Lilienfeld“ die Ehe. Als Trauzeugen waren anwesend Rolf Bischofswerders Vater, Dr. Nathan Bischofswerder, und ein Freund und Kollege aus dem Israelitischen Asyl, der damals 31 Jahre alte Dr. Hermann Plato.[1]

Man braucht nicht viel Phantasie, um sich vorzustellen, in welch bedrückter Stimmung die anschließende Hochzeitsfeier verlaufen sein wird. Statt der in längst vergangenen „normalen“ Zeiten üblichen Hochzeitsreise stand schon für den nächsten Tag die Deportation nach Riga an. Was würde die Jungvermählten dort erwarten? – Was würde aus den in Dortmund zurückbleibenden Eltern, dem Freund im Israelitischen Asyl, werden? – Würde man sich jemals wiedersehen? –

Als Letztes vor ihrer Abreise hatten Rolf und Ruth Bischofswerder die von der Gestapo verlangte „Vermögenserklärung“ abzugeben. Mit den Judendeportationen verbunden war ein staatlich organisierter Vermögensraub, ein Aspekt, der das Handeln der für die „Endlösung“ Verantwortlichen wesentlich mitbestimmte. Eine soeben erlassene Verordnung[2] sah vor, daß ein Jude, der seinen gewöhnlichen Aufenthalt im Ausland hatte, seine Staatsangehörigkeit verlor und sein Vermögen gleichzeitig dem Reich verfiel. In analoger Anwendung dieser Verordnung legte man nun die Deportation nach dem Osten – in der amtlichen Sprache beschönigend als „Abwanderung“ bezeichnet – als eigene Verlegung des Aufenthaltes in das Ausland aus. Dementsprechend wurde den Opfern unmittelbar vor der Deportation durch einen Gerichtsvollzieher der Beschluß über die Entziehung der Staatsangehörigkeit und den Verfall des Vermögens vorgelegt, den sie zusammen mit einer genauen Vermögensaufstellung zu unterschreiben hatten.

Diese Vermögensaufstellung mußte nun auch das Ehepaar Bischofswerder anfertigen. Daß beide Ehepartner zum Zeitpunkt der Deportation noch Vermögenswerte besaßen, hat die Gestapo in der erhaltengebliebenen Deportationsliste vom 6. Dezember 1941 akribisch vermerkt. Das Ehepaar Bischofswerder unterschied sich darin von den meisten anderen deportierten Kölner Juden, die zum Zeitpunkt ihres Abtransports bereits völlig verarmt waren.

[1] Heiratsurkunde Nr. 680 des Standesamtes Köln-Ehrenfeld vom 5. Dezember 1941. Dr. Hermann Plato, geboren am 28.10.1910 in Straßburg, wurde 1943 von Köln aus nach Theresienstadt deportiert. Von dort aus verschleppte man ihn nach Auschwitz, wo er 1943 ums Leben kam.
Gedenkbuch der Stadt Köln, S. 365

[2] 11. Verordnung zum Reichsbürgergesetz vom 25.11.1941 (RGBl. I, S. 722)

Nr 680

A

Erster Teil

Köln - Ehrenfeld, den 5. Dezember 1941

1. Der Krankenbehandler Rolf Jsrael Bischofswerder - - - -
- - - - - - - - - - - - - - - - - -, jüdisch - - - - - - - -,
geboren am 14. Dezember 1913 - in Dortmund - - - - - - - - -
(Standesamt I Dortmund-Mitte - - - - - - - - - - - Nr 442),
wohnhaft in Köln - Ehrenfeld, Ottostraße 85 - - - - - - - -
- -, und

2. die Krankenschwester Ruth Sophie Sara Lilienfeld - - - -
- - - - - - - - - - - - - - - - - -, jüdisch - - - - - - - -,
geboren am 28.November 1917 - in Recklinghausen - - - - -
(Standesamt Recklinghausen I - - - - - - - - - - Nr 572),
wohnhaft in Köln - Ehrenfeld, Ottostraße 85 - - - - - - - -
- -,

erschienen heute zum Zwecke der Eheschließung vor dem unterzeichneten Standesbeamten.
Der Standesbeamte fragte sie einzeln und nacheinander,
ob sie die Ehe miteinander eingehen wollen.
Die Verlobten bejahten die Frage. Der Standesbeamte sprach im Namen des Reiches aus,
daß sie nunmehr rechtmäßig verbundene Eheleute seien.

Als Zeugen waren anwesend:

1. der Nathan Bischofswerder, ohne Beruf - - - - - - - - -
- -, - - 62 Jahre alt,
wohnhaft in Dortmund, Prinzenstraße 9 - - - - - - - - - - -,
auf Grund seiner Kennkarte anerkannt - - - - - - - -

2. der Krankenbehandler Hermann Jsrael Plato - - - - -
- -, - - 31 Jahre alt,
wohnhaft in Köln-Ehrenfeld, Ottostraße 85 - - - - - - - -
auf Grund seiner Kennkarte anerkannt - - - - - - - -

Köln-Ehrenfeld, am 19. Oktober 1953
der nebenbezeichnete Elazar — Bischofswerder
ist durch rechtskräftigen Beschluß des Amtsgerichts Köln —
A.Z. 4 II 1388/52 und A.Z.Nr. 643/53
für tot erklärt worden.
Als Zeitpunkt des Todes ist der 8. Mai 1945 24 Uhr — festgestellt.

Der Standesbeamte.
In Vertretung:
[Unterschrift]

1111 Nr 9211 IX 41 10000 (L.0461) L. 4542

Heiratsurkunde von Rolf und Ruth Bischofswerder

Der Mann ist dem Standesbeamten bekannt - - - - - - - - - -

Die Frau ist dem Standesbeamten bekannt - - - - - - - - - -

Vorgelesen, genehmigt und unterschrieben

Rolf Israel Bischofswerder

Ruth Sophie Sara Bischofswerder geborene Lilienfeld

Doktor Nathan Bischofswerder

Dr. Hermann Israel Plato

Der Standesbeamte

[illegible]

Zweiter Teil

I. Eltern der Ehegatten

1. Vater des Mannes Bischofswerder (Familienname), Nathan (Vornamen),
ohne Beruf (Beruf), Dortmund (Wohnort, ~~letzter Wohnort~~), jüdisch (religiöses Bekenntnis),
Wonprowitz (Geburtsort), 4. Mai 1879 (Geburtstag), Wonprowitz 128 (Standesamt und Nr);

2. Mutter des Mannes Kronheim (Familienname), Jrma Sara (Vornamen),
ohne Beruf (Beruf), Dortmund (Wohnort, ~~letzter Wohnort~~), jüdisch (religiöses Bekenntnis),
Bochum (Geburtsort), 21. Juni 1894 (Geburtstag), Bochum-Langendreer 310 (Standesamt und Nr);

Eheschließung Eickel (Ort), 15. Januar 1913 (Tag), Wanne-Eickel 12 (Standesamt und Nr);

3. Vater der Frau Lilienfeld (Familienname), Otto Michael Jsrael (Vornamen),
ohne Beruf (Beruf), Litzmannstadt (Wohnort, ~~letzter Wohnort~~), jüdisch (religiöses Bekenntnis),
Essen (Geburtsort), 19. September 1878 (Geburtstag), I Essen 2058 (Standesamt und Nr);

4. Mutter der Frau Meyer (Familienname), Meta Sara (Vornamen),
ohne Beruf (Beruf), Litzmannstadt (Wohnort, ~~letzter Wohnort~~), jüdisch (religiöses Bekenntnis),
Koblenz (Geburtsort), 26. Juli 1887 (Geburtstag), Koblenz 492 (Standesamt und Nr);

Eheschließung Frankfurt am Main (Ort) 22. April 1911 (Tag) Frankfurt am Main V 269 (Standesamt und Nr).

Heiratsurkunde von Rolf und Ruth Bischofswerder

Mit Vorbereitungen ganz anderer Art war unterdessen die SS in Riga beschäftigt. Das dort errichtete Judenghetto war – wie schon erwähnt – mit mehr als 29.000 Bewohnern bereits vollkommen überfüllt. Dort noch weitere Menschen einzupferchen, war unmöglich. Für die 1000 Kölner Juden, die schon zum 6. Dezember 1941 zur Deportation nach Riga aufgerufen waren und wenige Tage später dort eintreffen sollten, mußte daher in größter Eile Platz geschaffen werden. Und für die nächsten Tage – bis zum 15. Dezember – waren nicht nur die Juden aus Köln angekündigt, sondern noch weitere Transporte aus Kassel (991 Personen), Düsseldorf (1007 Personen), Bielefeld (1000 Personen) und Hannover (1001 Personen).[1]

Die SS löste dieses Raumproblem auf die denkbar unmenschlichste Weise. Am 19. November 1941 wurden die 4000 lettischen Männer und etwa 300 Frauen, die als Zwangsarbeiter amtlich registriert waren, von den übrigen Ghettobewohnern getrennt und in ein eingezäuntes Gebiet im nordwestlichen Teil des Ghettos gebracht, das drei Tage zuvor von seinen bisherigen Bewohnern geräumt worden war. Diesen Teil nannte man von nun an das „kleine Ghetto".

In der Nacht zum 30. November 1941 wurde der westliche Teil des „großen Ghettos" von deutschen und lettischen SS-Männern umstellt. Die dort lebenden Juden, Männer, Frauen und Kinder, wurden in Gruppen von jeweils 1000 Menschen zusammengetrieben. Der lettische Jude Max Kaufmann, der zu den amtlich registrierten Zwangsarbeitern gehörte, hat in einem nach Kriegsende verfaßten Bericht die anschließenden Ereignisse geschildert:

„Ganz plötzlich, spät am Abend, begann die blutige Evakuierung. Uniformierte Letten und Deutsche, alle total betrunken, strömten zu Tausenden ins Ghetto und begannen mit einer förmlichen Judenjagd! Das war eine Todesjagd! Wie wilde Tiere brachen sie in die jüdischen Wohnungen ein und durchsuchten alles, vom Keller bis zum Boden.

Man versuchte, sich zu verstecken, aber diese „Tiere" schleppten und rissen jeden aus dem geheimsten Schlupfwinkel. Sie schlugen und schossen wie wild um sich und trieben die schutzlosen und verwundeten Juden aus ihren Häusern.

Kinder wurden ihren Müttern entrissen. Sie packten sie an den Füßen und warfen die armen Kleinen aus den Fenstern der obersten Stockwerke. Wie Tiger liefen die Mörder von Haus zu Haus und Zimmer zu Zimmer.

Sie gaben Befehl, sich schnellstens anzuziehen und nur das Nötigste mitzunehmen. Mit Schaudern sahen die Mütter auf ihre kleinen Kinder, denen man die Hände gebrochen hatte und die nur noch vor Schmerz stöhnten.

Von der einen Seite wurden die Kolonnen nach der Sadovnikastraße getrieben, und

[1] Vgl. die Aufstellung der aus dem Reichsgebiet nach Riga gelangten Judentransporte bei G. Schneider: Journey into Terror, S. 155

von da aus mußten sie in Richtung Moskauer Straße marschieren. Von der anderen Seite bewegten sich die Kommandos durch die Ludzer- und Lauvastraße ebenfalls zur Moskauer Straße.
Die Kolonnen waren stark von Letten umzingelt, aber die Führung einer jeden hatte ein Deutscher. Auch berittene Polizei war dabei. Für die Kranken und Schwachen wurden die großen blauen städtischen Autobusse eingesetzt. Sie holten die Leute aus dem Krankenhaus „Linas-Hazedek" und aus dem Asyl auf der Ludzerstraße. Eine ganze Nacht und einen ganzen Morgen fuhren diese Autos hin und her.
Die zehn jüdischen Fuhrleute, die es im Ghetto gab, wurden noch außerdem zur Beförderung der Kranken mobilisiert. Nur ein einziger von ihnen, und zwar der Fuhrmann Zamka, hatte Glück und kehrte zurück. Auch er berichtete Schauderhaftes und fast Unglaubliches.
Sämtliche Kolonnen und Wagen bewegten sich die Moskauer Straße herunter nach der großen Gummifabrik „Quadrat" zu. Das war in der Nacht vom 29. zum 30. November 1941 (zehn Tage im Monat Kislew). Eine blutige Nacht, ein blutiger Morgen! Das Blut rann auf den Straßen und es gab keine, wo nicht erschossene Menschen lagen. Blut, überall Blut!
Alles wurde in Richtung Salaspili getrieben. Dort an der Station Rumbuli beim Walde hatten die Deutschen bereits Gräber vorbereitet. Diese Gräber, so wurde erzählt, hatten russische Kriegsgefangene ausheben müssen.
Männern, Frauen und Kindern wurde bei bitterem Frost befohlen, sich nackt auszuziehen. So mußten sie längere Zeit stehen. Sie wurden fürchterlich geschlagen, man riß ihnen die goldenen Zähne heraus und zum Schluß stieß man sie an den Rand der Gräber, um sie zu erschießen. Viele Frauen wurden, bevor man sie tötete, vor Schreck ohnmächtig. Kleine Kinder warf man lebendig in die Gräber.
Zahlreiche, die nur verwundet worden waren, warfen sich freiwillig zwischen die Toten in die offenen Gräber, um mit umzukommen. Frauen und Männer umarmten sich zum Abschied angesichts des Todes. Zu Tausenden standen die Unglücklichen, mußten warten, bis die Reihe an sie kam und zusehen, wie man ihre Brüder und Schwestern erschoß.
Auto folgte auf Auto. War das eine geleert, kam schon das nächste. Den Erwachsenen sträubten sich buchstäblich die Haare und die Kinder erstarrten vor Entsetzen.
Noch lange Zeit bewegte sich die Erde durch die vielen halbtoten Menschen. Die Wache hatten die Deutschen übernommen. Fürchtete man vielleicht, daß die Ermordeten aus ihren Gräbern auferstünden?
Das Blutbad wurde am Sonntag, dem 30. November, eingestellt. Die teilweise Evakuierung war beendet, nur die Mörder zogen noch schießend durchs Ghetto. Über 15.000 Männer, Frauen und Kinder hatte diese blutige Nacht und der darauf folgende Morgen verschlungen."[1]

[1] Max Kaufmann: Die Vernichtung der Juden Lettlands, S. 101 ff.

Während im Ghetto von Riga die Überlebenden dieses Massakers noch die auf den Straßen liegenden Leichen auflasen und nach jüdischem Ritus bestatteten, war für die Kölner Juden der Tag der Deportation (6. Dezember 1941) angebrochen. Vermutlich sind Rolf und Ruth Bischofswerder – mit Rucksack, Koffern und Taschen schwer bepackt – mit der Straßenbahn von Köln-Ehrenfeld aus zu der an der Rheinseite gelegenen großen Messehalle, wo sie sich einzufinden hatten, gefahren.[1] Vielleicht haben die beiden sich unterwegs mit dem Gedanken getröstet, durch die Verschickung in den Osten wenigstens den Bombenangriffen zu entgehen, die Köln im dritten Kriegsjahr immer häufiger heimsuchten.[2] Möglicherweise haben sie als „Sternträger" auf diesem letzten Weg durch Köln Ähnliches erlebt wie Lore M., die zur selben Zeit auf dem Weg zur Deutzer Messehalle war: Passanten, die die abziehenden Juden zum Teil sehr mitleidig ansahen, zum Teil aber auch sichtlich erfreut, als wollten sie sagen: „Nun ja, Gott sei Dank, wieder ein paar weniger."[3]
In der Kolonnade der Messehalle waren an den Pfeilern die Buchstaben von A – Z aufgemalt, und jeder mußte sich, dem Anfangsbuchstaben seines Namens entsprechend, einfügen. Als das Tor zur Halle geöffnet wurde, saßen am Durchgang Gestapo und Kriminalbeamte, die das Gepäck revidierten. Die Kontrolle wurde verschieden gehandhabt. Einige wohlwollende Beamte begnügten sich mit einem Blick in die Koffer, andere, böswillige aber rissen alle Sachen auseinander und warfen sie anschließend wahllos wieder hinein. Es war nun sehr schwierig, die vorher in stundenlanger Arbeit kunstvoll gepackten Habseligkeiten in kurzer Zeit wieder in den Koffern zu verstauen.[4]
Nach der Untersuchung des Gepäcks kamen die Menschen selbst an die Reihe. Jeder einzelne wurde einer Leibesvisitation unterzogen, wobei Uhren, Schmuck, Trauringe sowie sämtliche Legitimationspapiere einbehalten wurden. An Bargeld durfte jede Person lediglich 10 Reichsmark behalten.[5] Anschließend wurden die Menschen in den großen Saal der Messehalle getrieben, um die ein Stacheldrahtzaun gezogen worden war. Die Halle selbst war schmutzig und bot nach Augenzeugenberichten einen „furchtbaren Anblick"'. Auf harten Bänken sitzend oder in nassen Hobelspänen, mit denen der Boden bedeckt war, liegend, warteten die Menschen viele Stunden lang auf die Abfahrt des Zuges. Unter den Wartenden befanden sich auch zahlreiche Kinder aus dem Jüdischen Kinderheim in der Lützowstraße. Eines von ihnen – zwei Jahre alt – verstarb nachts gegen 3.00 Uhr in der Messehalle.[6]

[1] In Köln war Juden noch bis zum 1. 5. 1942 die Benutzung öffentlicher Verkehrsmittel erlaubt. Vgl. das Rundschreiben der Synagogen-Gemeinde Köln vom 7. April 1942 (abgedruckt bei Asaria: Die Juden in Köln, S. 374 ff.)
[2] Juden war es untersagt, öffentliche Luftschutzräume aufzusuchen. Selbst der dazu hergerichtete Raum unter der Synagoge in der Roontstraße durfte von ihnen nicht benutzt werden.
[3] Becker-Jakli (Hrg.): Ich habe Köln doch so geliebt, S. 112
[4] Asaria: Die Juden in Köln, S. 385
[5] Hans Baermann, in Kogon: Der SS-Staat, S. 222
[6] Gedenkbuch der Stadt Köln, S. 537

Viele unter den mit ihnen Wartenden werden Rolf und Ruth Bischofswerder persönlich gekannt haben, auch wenn beide nicht allzu lange in Köln gelebt hatten. Innerhalb der Jüdischen Gemeinde, die in den Jahren der Verfolgung eng zusammengerückt war, kannte man einander. Eine der jetzt zum Verlassen der Stadt Verurteilten hatte Rolf Bischofswerder sogar einmal sehr nahe gestanden: Seine frühere Freundin, Ruth Willner, die ihm in Köln das Tanzen beigebracht hatte.
Etliche der Menschen in der Messehalle werden Rolf und Ruth Bischofswerder auch vom Krankenhaus „Israelitisches Asyl" her, wo sie ihnen als Patienten begegnet waren, bekannt gewesen sein. Und natürlich kannten sie die Kollegen und deren Angehörige aus dem Israelitischen Asyl selbst, die gemeinsam mit ihnen den Deportationsbescheid erhalten hatten.[1] Zu denen gehörten u. a. der Chefarzt Dr. Hans Aufrecht und dessen Ehefrau Ilse, die Lernschwester Liesel David, der Koch Günter Isaacson und der Gärtner Jakob Murnik sowie Siegfried Rothschild, als dessen Beruf in der Deportationsliste „Wäscher" angegeben ist.[2]
Am 8. Dezember, um 4.00 Uhr morgens, geleitete die SS die zur Deportation Bestimmten von der Messehalle zum Bahnhof Deutz-Tief. Der Zug, in den die Menschen einsteigen mußten, war trotz der strengen Kälte nicht beheizt. Hinzu kam, daß die Fensterscheiben der Personenwagen teilweise zerbrochen waren. So gab es nur dichtgedrängt Platz in den Abteilen, was sich angesichts der niedrigen Temperaturen allerdings später als recht günstig herausstellte. Als der Zug schließlich abfuhr, blieb ein großer Teil des Gepäcks der Deportierten auf dem Bahnsteig zurück.[3]
Die Fahrt nach Riga dauerte mehr als zwei Tage, da der Zug unterwegs häufig anhalten mußte, um andere Züge vorbei zu lassen. Der Personenzug mit den Juden aus Köln blieb dann nicht selten stundenlang stehen. Während der gesamten Fahrtzeit wurde keinerlei Verpflegung an die Zuginsassen ausgegeben. Nur ein einziges Mal erhielten bei einem Halt an einer Wasserstelle einige Männer die Erlaubnis, Trinkwasser aufzunehmen und im Zug zu verteilen.
Bewacht wurde der Transport von einer Einheit der Schutzpolizei, deren Beamte die Reise allerdings in geheizten Abteilen mitmachten. Über einen Transport, der drei Tage später, am 11. Dezember 1941, insgesamt 1007 Juden von Düsseldorf nach Riga brachte, ist der „vertrauliche" Bericht des verantwortlichen Transportoffiziers, des Hauptmanns der Schutzpolizei Salitter, erhalten geblieben. Dieser Bericht, der in ähnlicher Form wohl auch für den Kölner Transport vom 8. Dezember 1941 verfaßt wor-

[1] Die Deportationsliste vom 6. 12. 1941 nennt unter der Anschrift Ottostraße 85 (Israelitisches Asyl) die Namen von insgesamt 13 Personen, darunter ein vier Jahre alter Junge.

[2] Die letzten Ärzte und Krankenschwestern blieben noch bis zum 1. 6. 1942 im Israelitischen Asyl. An diesem Tage wurde das Krankenhaus als „Strafmaßnahme" für den alliierten Luftangriff auf Köln vom Vortag geräumt. Alle Frischoperierten und Schwerkranken wurden in das Barackenlager Fort Müngersdorf gebracht, viele überlebten bereits diesen Transport nicht.

[3] Aussage des Zeugen Alex Salm im Verfahren – 45 Js 5/61 – ZSt Dortmund, Bd.VIII, S. 21; so auch Hans Baermann, in Kogon: Der SS-Staat, S. 222

den sein dürfte, läßt in seiner Diktion die bürokratische Mitleidlosigkeit des polizeilichen Begleitpersonals deutlich erkennen:
„Der Transport setzte sich aus Juden beiderlei Geschlechts und verschiedenen Alters, vom Säugling bis zum Alter von 65 Jahren, zusammen. Die Ablassung des Transports war für 9.30 Uhr vorgesehen, weshalb die Juden bereits ab 4 Uhr an der Verladerampe zur Verladung bereitgestellt waren. Die Reichsbahn konnte jedoch den Sonderzug, angeblich wegen Personalmangels, nicht so früh zusammenstellen, so daß mit der Einladung der Juden erst gegen 9 Uhr begonnen werden konnte. Das Einladen wurde, da die Reichsbahn auf eine möglichst fahrplanmäßige Ablassung des Zuges drängte, mit der größten Hast vorgenommen. Es war daher nicht verwunderlich, daß einzelne Wagen überladen waren (60-65 Personen), während andere nur mit 35-40 Personen besetzt waren. Dieser Umstand hat sich während des ganzen Transportes bis Riga nachteilig ausgewirkt, da einzelne Juden immer wieder versuchten, in weniger stark besetzte Wagen zu gelangen. Soweit Zeit zur Verfügung stand, habe ich dann auch in einigen Fällen, weil auch Mütter von ihren Kindern getrennt worden waren, Umbelegungen vorgenommen.
Auf dem Wege vom Schlachthof zur Verladerampe hatte ein männlicher Jude versucht, Selbstmord durch Überfahren mittels der Straßenbahn zu verüben. Er wurde jedoch von der Auffangvorrichtung der Straßenbahn erfaßt und nur leichter verletzt. Er stellte sich anfänglich sterbend, wurde aber während der Fahrt bald sehr munter, als er merkte, daß er dem Schicksal der Evakuierung nicht entgehen konnte. Ebenfalls hatte sich eine ältere Jüdin unbemerkt von der Verladerampe, es regnete und war sehr dunkel, entfernt, sich in ein nahe liegendes Haus geflüchtet, entkleidet und auf ein Klosett gesetzt. Eine Putzfrau hatte sie jedoch bemerkt, so daß auch sie dem Transport wieder zugeführt werden konnte. Die Verladung der Juden war gegen 10.15 Uhr beendet.
Am 13. Dezember um 23.35 Uhr erreichte der Zug nach vielem Hin- und Herrangieren die Militärrampe auf dem Bahnhof Shirotawa. Der Zug blieb ungeheizt stehen. Die Außentemperatur betrug bereits 18 Grad unter Null. Da ein Übernahmekdo. der Stapo nicht zur Stelle war, wurde die Bewachung des Zuges vorläufig von meinen Männern weiter durchgeführt. Die Übergabe des Zuges erfolgte alsdann um 1.45 Uhr, gleichzeitig wurde die Bewachung von 6 lettischen Polizeimännern übernommen. Da es bereits nach Mitternacht war, Dunkelheit herrschte und die Verladerampe stark vereist war, sollte die Ausladung und die Überführung der Juden in das noch 2 km entfernt liegende Sammelghetto erst am Sonntag früh beim Hellwerden erfolgen. Mein Begleitkdo. wurde durch 2 von Kdo. d. Sch. bereitgestellte Pol.-Streifenwagen nach Riga gebracht und bezog dort gegen 3 Uhr Nachtquartier. Ich selbst erhielt Unterkunft im Gästehaus des Höh. SS- und Pol.-Führers, Petersburger Hof, am Schloßplatz 4."
Am Schluß seines Berichts spricht der Polizeihauptmann Salitter deutlich aus, daß ihm der tatsächliche Zweck des Transportes – die physische Vernichtung der aus dem Reichsgebiet nach Riga verschleppten Juden – sehr wohl bewußt war:

„Riga umfaßt etwa 360.000 Einwohner, darunter befanden sich etwa 35.000 Juden. Die Juden waren in der Geschäftswelt wie überall führend. Ihre Geschäfte sind jedoch sogleich nach dem Einmarsch der deutschen Truppen geschlossen und beschlagnahmt worden. Die Juden selbst wurden in einem durch Stacheldraht abgeschlossenen Ghetto an der Düna untergebracht. Z. Zt. sollen sich in diesem Ghetto nur 2500 männliche Juden, die als Arbeitskräfte verwendet werden, befinden. Die übrigen Juden sind einer anderen zweckentsprechenden Verwendung zugeführt bzw. von den Letten erschossen worden.
Riga ist städtebaulich eine sehr schöne Stadt, die sich mit jeder Stadt des Reiches messen kann. Das Verkehrs- und Wirtschaftsleben ist bereits geordnet. Es sind seit einiger Zeit Kleider- und Lebensmittelkarten eingeführt worden. Die Lebensmittel pp. sind dort sehr billig. So kostete ein ausreichendes Mittagessen 50-75 Pfennige. Das lettische Volk ist, soweit ich beobachten konnte, deutschfreundlich und spricht zum großen Teil deutsch. Vielfach war aber aus dem Verhalten von Einzelpersönlichkeiten erkennbar, daß sie dem zaristischen Rußland noch immer in Treue ergeben sind. Von den Bolschewisten will jedoch kein Lette etwas wissen, da es selten eine Familie gibt, die während der Besetzung durch die Sowjets ohne Blutopfer davongekommen ist. Ihr Haß gilt insbesondere den Juden. Sie haben sich daher vom Zeitpunkt der Befreiung bis jetzt auch sehr ausgiebig an der Ausrottung dieser Parasiten beteiligt. Es erscheint ihnen aber, was ich insbesondere beim lettischen Eisenbahnpersonal feststellen konnte, unverständlich, weshalb Deutschland die Juden nach Lettland bringt und sie nicht im eigenen Lande ausrottete.“[1]

Der Personenzug mit den Juden aus Köln, der jetzt bei bitterster Kälte auf dem Güterbahnhof „Shirotawa“ der lettischen Hauptstadt Riga stand, war nicht der erste Transport, der deutsche Juden nach Riga gebracht hatte. Schon am 27. November 1941 war ein Transport mit 1000 Personen von Berlin aus nach Riga abgegangen. Sämtliche Angehörige dieses Transports, Männer, Frauen und Kinder, hatte man aber unmittelbar nach ihrer Ankunft in Riga in den nahe gelegenen Wald von Rumbula gebracht, wo sie ausnahmslos erschossen worden waren.

Auch die Juden, die mit den vier folgenden Transporten aus dem Reich kommend in Riga eintrafen, ließ man nicht in das Ghetto hinein, da dieses noch nicht vollständig von seinen lettischen Bewohnern geräumt war. Es handelte sich dabei um die Transporte vom 29. November 1941 (714 Juden aus Nürnberg), 1. Dezember 1941 (1200 Juden aus Stuttgart), 3. Dezember 1941 (1042 Juden aus Wien) und 4. Dezember 1941 (808 Juden aus Hamburg).[2] Die Menschen aus diesen vier Transporten wurden allerdings nicht mehr sofort getötet, sondern kamen in das berüchtigte Konzentrationslager „Jungfernhof“ in der Nähe von Riga, wo sie unter entsetzlichen Bedingungen dahinvegetierten. Kaum einer dieser Unglücklichen hat das Kriegsende erlebt.

[1] Abgedruckt bei G. Schneider: Journey into Terror, S. 195 ff.

[2] Vgl. die Aufstellung der aus dem Reichsgebiet nach Riga gelangten Judentransporte bei G. Schneider: Journey into Terror, S. 155

Rolf und Ruth Bischofswerder, die nun gemeinsam mit ihren Kölner Leidensgefährten auf dem Güterbahnhof „Shirotawa" in Riga auf ihre Ausladung warteten, schienen mehr Glück zu haben. Der am 10. Dezember 1941 eingetroffene Kölner Transport war der erste, dessen Angehörige in das Ghetto von Riga hineingelassen werden sollten. Denn das „große Ghetto" war inzwischen völlig menschenleer und stand bereit, die Neuankömmlinge aus Deutschland aufzunehmen. Nachdem die SS bei dem Massaker vom 30. November 1941 mehr als 15.000 der im Ghetto lebenden lettischen Juden ermordet hatte, waren die übriggebliebenen etwa 10.000 Menschen am 8. und 9. Dezember 1941 zwei weiteren Massakern zum Opfer gefallen. Den Kölner Juden auf dem Bahnhof „Shirotawa" schien daher zumindest für die nächsten Wochen und Monate eine Chance zum Weiterleben zu bleiben.
Am frühen Morgen des 10. Dezember 1941, einem Sonntag, trieben lettische SS-Männer die Menschen mit Peitschen und Eisenstangen aus den Waggons. An die Mitnahme des Gepäcks war in dem allgemeinen Durcheinander überhaupt nicht mehr zu denken. Von SS-Männern, die Schäferhunde mitführten, umzingelt, mußten die verängstigten Kölner Juden auf der Rampe antreten. Hier folgte eine erste Selektion. Eine Gruppe mußte sich rechts, die andere links aufstellen. Die als krank und gebrechlich Aussortierten wurden weggebracht. Niemand sah sie jemals wieder.[1] Die Mehrzahl der anderen mußte bei 24 Grad Kälte und eisglatter Straße einen qualvollen Fußmarsch zum Ghetto antreten. Einige wenige wurden mit Lastwagen ins Ghetto geschafft.
Für Rolf und Ruth Bischofswerder – wie für alle anderen – dürfte der blutige Empfang auf dem Güterbahnhof „Shirotawa" ein furchtbarer Schock gewesen sein. Hatten sie bei ihrer Abfertigung in der Kölner Messehalle mit ansehen müssen, wie einzelne Juden geohrfeigt wurden, vielleicht auch einmal einen Fußtritt erhielten, tobte sich hier der Haß der lettischen und deutschen SS-Männer mit einer bis dahin nicht erlebten Brutalität aus. Angesichts der kollektiven Mißhandlung der gesamten Kölner Gruppe, die selbst vor Frauen und kleinen Kindern nicht Halt machte, wird Rolf und Ruth Bischofswerder schlagartig klargeworden sein, was sie in Riga erwartete.
Der lettische Jude Max Kaufmann, der als amtlich registrierter Zwangsarbeiter die Massaker an seinen Landsleuten in Riga überlebt hatte, war Augenzeuge, als die ersten reichsdeutschen Juden in das Ghetto von Riga einzogen:
„Der erste Transport war aus Köln. All die Unglücklichen besaßen noch elegantes Gepäck. Es war ihnen erlaubt worden, dieses mitzunehmen. In Riga wurde ihnen aber sofort erklärt, daß sie sich darum nicht mehr weiter zu bemühen brauchten, denn man würde es ihnen direkt ins Ghetto zustellen. Jedes Gepäckstück trug mit farbiger Schrift den Namen seines Besitzers, die Evakuierungsnummer und die Stadt, aus der es gekommen. Zu den Namen der Männer war Isaak,[2] zu den der Frauen Sarah hinzu-

[1] Lore M., in Becker-Jakli (Hrg.): Ich habe Köln doch so geliebt, S. 114
[2] Tatsächlich mußten männliche Juden aufgrund der Verordnung vom 17. 8. 1938 in Deutschland den Zwangsvornamen „Israel" annehmen.

gefügt worden. Die Koffer und Kisten, die nun von allen Eigentümern im Ghetto erwartet wurden, kamen niemals an, denn sie wurden direkt bei der Gestapo abgeliefert.
Die Juden erreichten das Ghetto bereits am selben Nachmittag. Starker Frost herrschte, und wir kehrten gerade von unserer Arbeit zurück. Männer, Frauen und Kinder trafen ein. Ganz zusammengefallen, die Gesichter durch Tücher gegen die Kälte geschützt, in Kolonnen zu Fünferreihen, ohne Gepäck, höchstens noch mit einer Handtasche, hielten sie ihren Einzug. Man wies ihnen einen Teil des großen Ghettos zu. Die Wache, die sie begleitete, bestand aus Gestapoleuten mit dem Totenkopf."[1]
Bevor die Kölner Juden in die Häuser getrieben wurden, mußten sie auf der Straße nochmals in Reih und Glied antreten. Der Ghetto-Kommandant, SS-Obersturmführer Kurt Krause, erschien, und die Neuankömmlinge bekamen zu hören: „Folgendes ist bei Todesstrafe verboten: Jeder Besitz von Wertgegenständen, jedes Verlassen des Ghettos, jede Kontaktaufnahme mit der Zivilbevölkerung, jeder Tauschhandel, jeder Empfang und jedes Absenden von Post, ... und, und, und." Dann hieß es: „Alles runter von der Straße, rein in die Häuser. Das Betreten der Straße ist bis Sonnenaufgang verboten. Bei Todesstrafe."
Die Wohnungen, in die sich die Kölner Juden jetzt drängten, waren verwüstet. Schränke lagen umgestürzt, ihr Inhalt auf dem Boden verstreut. In einigen Wohnungen brannte noch das Licht, auch Blutlachen fanden sich. Was die Eintretenden aber am meisten erstaunte: Auf den Tischen lagen Brotscheiben, die man angefangen hatte zu essen, standen Schüsseln mit angerichteten Speisen, die allerdings steinhart gefroren waren. Die Menschen, die hier gelebt hatten, waren offenbar während des Essens in größter Hast aufgebrochen oder hinausgetrieben worden. Voller Entsetzen begannen die Kölner Juden zu ahnen, was hier geschehen sein mußte.
Einige Tage später, als es ihnen trotz strengstem Verbot gelang, Kontakt mit den lettischen Juden im „kleinen Ghetto" aufzunehmen, erhielten sie Gewißheit: Um Platz zu schaffen für sie, die Juden aus dem Reich, waren 25.000 Menschen, Männer, Frauen und Kinder, ausgelöscht worden, vernichtet, als wenn sie niemals existiert hätten.

[1] Max Kaufmann: Die Vernichtung der Juden Lettlands, S. 125 f.

4. Kapitel: Im Ghetto von Riga

So gut es eben ging, versuchten die Menschen, sich im Ghetto einzurichten. In unbeschreiblicher Enge zusammengepfercht – nicht selten mußten sich zwölf Menschen einen einzigen Raum teilen – wurden Schlafstätten auf den Fußböden bereitet, die Kochstellen wieder instand gesetzt. Die meisten Toiletten waren verstopft, sämtliche Wasserleitungen eingefroren. Wasser zum Kochen und Waschen mußte in Eimern von oft weit abgelegenen Wasserstellen herangeschleppt werden.

Äußere Umzäunung des Ghettos von Riga. Der Text auf der Warntafel lautet:
„Auf Personen, die den Zaun übersteigen oder den Versuch machen, durch den Zaun mit den Insassen des Ghettos in Kontakt zu treten, wird ohne Anruf geschossen".

Um sich in den eiskalten Wohnungen gegen die grimmige Kälte zu schützen, zogen die Kölner mehrere Kleidungsstücke übereinander an und begannen, die Möbel der früheren Wohnungsinhaber zu verfeuern. Verpflegung wurde während der ersten Wochen im Ghetto an die Neuankömmlinge nicht ausgegeben. Die Menschen ernährten sich notdürftig von den Lebensmitteln, die die ermordeten lettischen Juden in Schränken und Kellern zurückgelassen hatten.

Zwei Tage später, am 12. Dezember 1941, lief der nächste Deportationszug auf dem Güterbahnhof „Shirotawa“ ein. Er brachte ca. 1000 tschechische Juden aus der damals noch weitgehend unbekannten nordböhmischen Festungsstadt Theresienstadt.[1] Wiederum zwei Tage später folgten Transporte aus Düsseldorf und Wien mit jeweils ebenso vielen Männern, Frauen und Kindern. Während der folgenden Wochen trafen von nun an in Abständen von wenigen Tagen Judentransporte aus den verschiedensten Städten des Reiches, aus Berlin, Leipzig, Bielefeld, Dortmund und Hannover in Shirotawa ein.

Den ankommenden Menschen wurden von der SS bestimmte Straßen des Ghettos als Wohnbezirke zugewiesen. Anstelle der für die Deutschen unaussprechlichen lettischen Straßennamen erhielten die Straßen nun – entsprechend den Herkunftsorten ihrer neuen Bewohner – die Namen „Kölner Straße“, „Bielefelder Straße“ oder „Leipziger Straße“. Auf Befehl der SS hatte jeder Bezirk sein eigenes Verwaltungsbüro, dem ein sogenannter „Ältester“ vorstand. In diesen Büros waren sämtliche Bewohner eines jeden Bezirks registriert, selbstverständlich in Abstimmung mit der bei der Kommandantur geführten Zentralkartei aller Ghettobewohner. Die Verwaltungsbüros hatten auch die Aufgabe, die verschiedenen Arbeitskommandos zusammenzustellen, die die SS täglich anforderte. In den ersten Wochen wurden die Menschen, von lettischen SS-Männern bewacht und angetrieben, ausschließlich zu Aufräumungsarbeiten innerhalb des Ghettos herangezogen. Erst später schickte man Männer und Frauen auf Außenkommandos, die über das gesamte Stadtgebiet von Riga verteilt arbeiteten.

Rolf Bischofswerder war im Ghetto vom ersten Tag an als Arzt tätig. Unterstützt von seiner Frau Ruth war er ständig unterwegs, um seinen jüdischen Leidensgefährten – zahlreiche Ghettobewohner hatten auf der Fahrt nach Riga schwere Erfrierungen erlitten oder waren durch Mißhandlungen verletzt worden – zu helfen. So lernte ihn auch der damals 16 Jahre alte Rolf Abrahamsohn, der Anfang Januar 1942 zusammen mit seiner Mutter von Gelsenkirchen aus nach Riga deportiert worden war, kennen:

„Meine Mutter war mit einer Familie Löwenberg befreundet, die in Datteln eine Metzgerei besessen hatte und gemeinsam mit uns von Gelsenkirchen aus nach Riga gebracht worden war. Während der langen Fahrt im ungeheizten Zug hatte einer der beiden Brüder Löwenberg seine Schuhe anbehalten, mit der Folge, daß bei der Ankunft in Shirotawa seine Zehen erfroren waren. Er konnte kaum noch laufen. Wenn die SS das in Shirotawa bemerkt hätte, wäre der sofort auf einen der Schlitten geladen und zur Erschießung in den Hochwald gebracht worden. Aber irgendwie hatte er es noch bis zum Ghetto geschafft, und nun kam Dr. Bischofswerder jeden

[1] Der Plan der Nationalsozialisten, Theresienstadt der Weltöffentlichkeit als „jüdische Mustersiedlung“ zu präsentieren und mit priviligierten Juden aus dem Reich zu belegen, machte den Abtransport der dort lebenden tschechischen Juden erforderlich.

Wohnhäuser des „Lettischen Ghettos“ von Riga (Aufnahme von 1996)

Abend in unsere Wohnung, wo er ihm nach und nach sämtliche Zehen amputieren mußte. Es war grauenhaft. Dr. Bischofswerder hat dann noch versucht, dem Herrn Löwenberg durch immer neue Änderungen an seinen Schuhen das Laufen wieder zu ermöglichen, aber auf Dauer war der Patient nicht mehr zu retten.“[1]
Mit dem von Polizeihauptmann Salitter nach Shirotawa eskortierten Transport aus Düsseldorf war die 18jährige Hilde Zander aus Mönchengladbach in das Ghetto von Riga gebracht worden. Sie lernte Dr. Rolf Bischofswerder kennen, als sie während dieser Tage zusammen mit ihrer Nachbarin, Frau Stern, das „Notlazarett Kassel“ des Ghettos besuchte:
„Frau Stern stieß die Tür auf, und ich wurde fast ohnmächtig von dem Gestank, der mir entgegenschlug. Wütend drehte Frau Stern sich zu mir um und zischte: „Nimm dich gefälligst zusammen! Das ist kein Kurhotel.“
Der Anblick der Kranken war unbeschreiblich: zu zweit und zu dritt lagen sie in den Betten, mit erfrorenen Händen, Ohren, Füßen und Nasen. Bisher hatte ich mir derartige Erfrierungen nicht vorstellen können. Die Glieder waren blauschwarz und zum Bersten geschwollen, die Zehen und Finger faulten schon. Und der Geruch! Wenn sie nicht die Augen bewegt hätten, wären sie mir wie Tote vorgekommen, die in Verwesung übergingen.

[1] Interview des Verfassers mit Herrn Rolf Abrahamsohn (Marl) vom 25. 2. 1997

Aber sie lebten, diese knapp 80 Menschen, die den Transport aus einem Berliner Altersheim überstanden hatten. Um hier elend zugrundezugehen.
Frau Stern schritt von einem zum anderen, reichte ihnen heißes Wasser, stützte sie beim Sitzen und verband ihnen mit den Wollfetzen Hände und Füße. Ich geriet außer mir und sagte Frau Stern, daß die groben Wollstreifen doch Entzündungen hervorrufen müßten.
Mit riesengroßen, todtraurigen Augen sah sie mich an. „Ja, Kind, ich weiß. Das ist alles sowieso nur symbolisch, für diese Armen hier gibt es keine Hilfe mehr. Ich will nur, daß sie sich nicht so verlassen vorkommen."
Und noch heute, nach fast 40 Jahren, fällt es mir unsäglich schwer, über die andere Seite des Krankensaales zu schreiben: Dort stand Bett dicht an Bett, ohne Zwischenraum, und überall lagen Kinder. Kinder von drei bis 14 Jahren und eine Siebzehnjährige. Diesen Anblick zu beschreiben, gibt es keine Worte in der menschlichen Sprache.
Die Siebzehnjährige erzählte mir, daß ihr Transport aus Kindern eines Leipziger Waisenhauses bestanden hätte. Sie waren drei Tage und vier Nächte unterwegs gewesen. Ohne Heizung, ohne Kübel für ihre Notdurft. Ohne Essen. In Viehwaggons. Alle Kinder bis auf diese Ärmsten waren unterwegs erfroren oder an Entkräftung gestorben und gleich bei der Ankunft auf offenen Waggons weggeschafft worden.
Wir konnten nicht helfen. Wir wußten nicht einmal, was wir ihnen sagen sollten. Rolf Bischofswerder, ein junger Arzt aus Köln, und seine Frau Renate drehten sich wortlos um und brachen vor der Tür in Tränen aus.
Am nächsten Tag wurden die Toten auf den Friedhof geschafft, konnten aber nicht beerdigt werden, weil die Erde metertief gefroren war. Die Handvoll Alter und die Kinder waren zum Sterben verurteilt. Sie löschten einfach aus wie Kerzen. Wir aber standen vor ihnen und konnten in unserer Hilflosigkeit nicht einmal um sie weinen ..."[1]
Mit größter Sorge dachten die Ghettobewohner an die Menschen, die mit fast täglich neuen Transporten auf dem Güterbahnhof „Shirotawa" ankamen. Vielleicht würden sogar die eigenen Verwandten unter den Neuankommenden sein. Wer konnte das wissen? – Aus eigener, leidvoller Erfahrung wußte man im Ghetto ja nur zu gut, daß die SS gleich nach der Ankunft der Transportzüge die Alten und Schwachen aussonderte und zur Exekution in den Hochwald schaffte.
Zur Überraschung aller gab der Ghettokommandant die Erlaubnis, daß jüdische Freiwillige die ankommenden Transporte auf dem Güterbahnhof „Shirotawa" in Empfang nehmen durften. Von nun an waren kleine Gruppen Freiwilliger mit Handschlitten dabei, wenn wieder ein Transport Juden aus dem Reich nach Shirotawa brachte. Hilde Zander aus Mönchengladbach war eine dieser Freiwilligen:

[1] Sherman-Zander: Zwischen Tag und Dunkel, S. 44 f. Tatsächlich hieß Rolf Bischofswerders Ehefrau mit Vornamen Ruth Sophie. „Renate" war ihr Schwesternname im Kölner Krankenhaus „Israelitisches Asyl" gewesen.

„Zehn Uhr morgens: Ich stehe mit den anderen auf dem Appellplatz, in viel zu großen Pantoffeln, die Hände in einen alten Wollschal gewickelt. Wir warten mit Schlitten. Die SS-Truppe ist bereits betrunken. Kommandant Krause erscheint mit seinem Adjutanten Gymnich, verschiedene unbekannte SS-Größen im Schlepptau. Es hagelt Faustschläge und Fußtritte, die Schäferhunde jaulen, die Luft schrillt vom Lärm der Trillerpfeifen.

Langsam setzt sich die Kolonne mit ihren Handschlitten in Bewegung und wälzt sich durch die Kölner Straße zum Ghetto hinaus. Strahlende, eiskalte Sonne, Schneereflexe blenden die Augen. Der Atem gefriert. An Wimpern und Brauen bilden sich steinharte Eiskristalle. Und der Hunger bohrt in den Eingeweiden.

Zwölf Uhr mittags: Der Befehl anzuhalten kommt. Die SS umzingelt uns mit ihren Maschinenpistolen, Bajonetten und Schäferhunden. Knapp 200 Meter weiter steht der Transportzug auf freiem Feld. Kein Laut dringt zu uns, keine Bewegung, kein Schrei. Kein Hilferuf. Wir stehen versteinert vor Schreck, die Angst läßt uns den eigenen Herzschlag in den Ohren dröhnen.

Die lettischen Handlanger der SS treten vor, öffnen Plomben und Riegel der Waggons. Eine enorme, dunkle, kompakte Masse fällt auf die Schienen, dann einzelne Körper. Und wir begreifen, daß das die Glücklichen sind, die bereits unterwegs zugrunde gegangen sind. Über ihre Körper wie über eine Treppe stolpern und gleiten die Unglücklichen herab, die erst noch die Hölle kennenlernen werden, bevor auch sie zugrundegehen ... Männer, Frauen, Kinder, Alte, Junge in unübersehbarer Reihe.

Krause beginnt, seinen gefürchteten schwarzen Stock mit Silberknauf zu schwingen: nach rechts, nach links, nach rechts, nach rechts... Plötzlich ein Durcheinander von Hunden, Peitschen, Schreien, Pfeifen, ein wirres Knäuel.

Die allgemeine Konfusion kommt uns gelegen. Es gelingt uns, von der rechten Seite ein paar Leute wegzuziehen. Sie sind halb bewußtlos vor Erschöpfung, haben keine Ahnung, um was es geht, und lassen alles willenlos mit sich geschehen.

Ich erwische einen alten Mann von noblem, durchgeistigtem Aussehen, groß und schlank. Mit Mühe gelingt es mir, ihn von der Masse wegzuziehen, er geht sehr schwerfällig, deshalb setze ich ihn auf den Schlitten und fange an, den unendlich langen Weg von Shirotawa ins Ghetto zurückzugehen.

Ein Uhr nachmittags: Langsam kommt die Menschenschlange in Bewegung. Wir laufen seitwärts vorbei und versuchen, die eben Angekommenen zum Aushalten zu ermuntern, ihnen zu erklären, daß jedes Zeichen von Schwäche, Verzweiflung, Selbstaufgabe den Tod durch Genickschuß bedeutet.

Der Weg zieht sich endlos dahin. Eine ungeheure Schwäche steigt in mir auf. Nur nicht zurückbleiben! Wie ein Zugtier trabe ich weiter, die Lunge sticht, der Atem kommt stoßweise in Wölkchen aus dem Mund, der alte Mann auf dem Schlitten verwandelt sich in eine tonnenschwere Last ...

Vier Uhr nachmittags: Endlich kommt das Ghetto in Sicht. Der winzige Hügel zwischen Moskauer Straße und Ghettoeingang türmt sich vor mir wie ein Berg auf. Der

alte Mann gleitet bewußtlos vom Schlitten auf das vereiste Kopfsteinpflaster. Zu viert gelingt es uns endlich, ihn aufzuheben. Mit dem Schal von meinen Händen binden wir ihn am Schlitten fest, Ilse stützt ihn im Rücken, mit übermenschlicher Anstrengung erreichen wir das Ghettotor. Die Jüdische Lagerpolizei empfängt uns, hilft uns, spricht uns gut zu. Wir sind in Schweiß gebadet, die Gesichter verzerrt vor Anstrengung und Kälte. Gefrorene Tränen hängen uns wie Kristalle in den Wimpern. Aber der Alte lebt.
Sechs Uhr nachmittags: Kurz vor der Sperrstunde. Frau Stern gibt mir eine Scheibe Brot für den Alten. Er erzählt mir, daß er Rabbiner in Wien war. Seine Frau und Tochter starben auf diesem Transport nach Riga. Sie waren vier Tage und drei Nächte unterwegs, ohne jegliche Verpflegung, ohne Wasser, ohne Notdurftkübel, in Viehwaggons.
Am nächsten Tag: Der alte Herr hat starken Husten. Rolf Bischofswerder, der Arzt aus Köln, besucht ihn, hat aber keinerlei Medikamente zur Verfügung. Einen Tag später: Der Rabbiner hat hohes Fieber. Wir können nichts für ihn tun. Womit auch?“[1]
Am 22. Dezember 1941 mußten mehrere Hundert männliche Bewohner des Ghettos antreten zum Abtransport in das 18 Kilometer von Riga entfernt liegende Lager „Salaspils“. Die für Salaspils Ausgewählten waren zwischen 15 und 55 Jahre alt. Rolf Bischofswerder hatte Glück. Er war nicht ausgewählt worden und durfte zur Betreuung der Kranken im Ghetto bleiben. Liesel Ginsburg aus Rheydt, deren Bruder Hans ebenfalls zu den nach Salaspils Befohlenen gehörte, sah die Männer abmarschieren: „Ich sehe immer noch das Bild vor mir, als Herr und Frau Meyer aus Kleve sich von ihrem Jungen verabschiedeten. Ein bildschöner 17jähriger Bengel. Die Frau mußte von ihrem Mann gestützt werden, sonst wäre sie zusammengebrochen. Ob sie wohl gefühlt hat, daß sie ihren Jungen nie wiedersehen würde?“[2]
Der Kölner Hans Baermann hat die anschließenden sieben Monate im Lager von Salaspils als einer von wenigen überlebt: „Durchfroren und ausgehungert kamen wir auf einem freien, schneebedeckten Feld an, wo nur eine große Holzbaracke ohne Dach stand. Dort lebten bereits 4000 Juden aus Süddeutschland, die uns wie Wölfe nach Eßwaren und Trinkbarem überfielen. Die Haare wurden uns geschoren, dann teilte man uns in Kojen ein, die 45 cm hoch, 2 m lang und 1,50 m breit waren. Jede dieser Kojen beherbergte drei Lagerinsassen. Man lag auf eisüberkrusteten Brettern bei strengster Kälte. Am dritten Tag nach unserer Ankunft sahen wir das erste Brot und einen Pferdeschlitten voll mit Kartoffelschalen aus der SS-Küche in Riga. Ein SS-Oberscharführer Nickel präsentierte sich als Kommandant, teilte die Arbeit ein und befahl uns, die Arbeit aufzunehmen, ohne Mäntel und ohne Feuerstellen. Das Programm umfaßte den Bau von 45 Baracken, in denen später Letten und Russen

1 Sherman-Zander: Zwischen Tag und Dunkel, S. 46 ff.
2 Unveröffentlichte Aufzeichnung von Frau Liesel Ginsburg-Frenkel (Köln), S. 10

untergebracht wurden. Bis auf fünf Baracken wurde es erfüllt. Außerdem mußten auch Wachtürme gebaut und das ganze Geviert mit Stacheldraht eingezäunt werden. In diesem Vernichtungslager hungerte ich sieben Monate. Ich wog zum Schluß noch 72 Pfund und war vollständig verlaust. Eine kleine Gruppe lettischer SS machte eine Schießübung auf willkürlich ausgewählte 14 Kameraden, deren durchlöcherte Leichen wir später in einen nahen Wald tragen mußten. Der Schießakt vollzog sich zum Gaudium eingeladener SS-Offiziere, unter denen sich SS-Sturmbannführer Rudolf Lange, Kommandeur der Sicherheitspolizei und des SD in Lettland, SS-Untersturmführer Maiwald sowie Beamte der Gestapo befanden. Bei einer anderen Gelegenheit mußten wir auf Befehl von Lange 16 Kameraden erhängen, die bei 30 Grad Kälte im Mantel gearbeitet hatten. Abgemagert wie ein Skelett, wurde ich für den „Stürmer" photographiert.[1]

Am 15. Januar 1942, fünf Wochen nach der Ankunft des ersten, Kölner Transportes in Shirotawa, wurde den Ghettobewohnern, die sich bis dahin ausschließlich von vorgefundenen Lebensmitteln notdürftig ernährt hatten, erstmals offiziell Verpflegung zugeteilt. Die Leipzigerin Gerda Gottschalk erinnert sich: „Die Lebensmittelzuteilung bestand aus 160 Gramm Brot pro Tag. Es war gefroren, unausgebacken, sauer. Einmal wöchentlich erhielten wir je eine Handvoll Möhren und Kartoffeln, meist gefroren, und eine Handvoll Grütze. Davon kochten wir dünne Suppen. Das Brot verwaltete jeder selbst. Der Hunger war meist so groß, daß wir schon am Abend die für den Morgen bestimmte Scheibe Brot verschlangen."[2]

Da die ins Ghetto gelieferten Lebensmittel häufig aus Küchenabfällen bestanden, grassierten unter den Bewohnern bald verheerende Magen- und Darmerkrankungen. Das Ghetto hungerte: „Als wir eines Morgens zur Arbeit gehen wollten, fanden wir im Hof des Sachsenhauses Mann, Frau und zwei Kinder erfroren im Schnee. Des aussichtslosen Lebensmittelkampfes müde, hatte die Familie sich in der Nacht unter den eisigen Sternenhimmel gelegt. Wenige Tage danach stürzte sich eine Frau aus dem Fenster des zweiten Stockwerks eines Hauses, sie hinterließ einen siebenjährigen Knaben."[3]

Zumindest die Qualen des Hungerns scheinen Rolf Bischofswerder im Ghetto weitgehend erspart geblieben zu sein. Alle, die ihn während dieser Jahre erlebt haben, schildern ihn bis zuletzt als einen Mann von kräftiger, ein wenig fülliger Gestalt.

Unterdessen traten im Ghetto die ersten Fälle von Typhus auf. Eine Seuchenbaracke wurde eingerichtet. Dr. Rolf Bischofswerder und die übrigen Ärzte des Ghettos kämpften verzweifelt um das Leben ihrer Patienten, doch es gab keine Medikamente; sämtliche Patienten starben, in der ersten Woche schon 20 Menschen.

[1] Baermann; in Kogon: Der SS-Staat, S. 223 f.
[2] Gottschalk: Der letzte Weg, S. 26
[3] Gottschalk: Der letzte Weg, S. 34 f.

Man kann sich denken, welche Sorgen sich Rolf Bischofswerder während dieser Tage auch um seine in Dortmund zurückgebliebenen Eltern gemacht haben wird. Hatte man die Eltern inzwischen ebenfalls deportiert, und wenn ja, wohin? – Lebten die Eltern überhaupt noch oder waren sie bei den jetzt so häufigen Luftangriffen auf Dortmund umgekommen? – Als Juden durften sie ja nicht einmal Luftschutzräume aufsuchen.

Da erreichte Rolf Bischofswerder plötzlich, am 30. Januar 1942, die Nachricht, daß ein Transport mit Juden aus seiner Heimatstadt Dortmund in Shirotawa angekommen war. Unter den etwa 1400 Dortmunder Juden befand sich auch Jeanette Wolff, die spätere Bundestagsabgeordnete der SPD, mit ihrem Mann und zwei Töchtern. Zwischen Hoffen und Bangen wird Rolf Bischofswerder unter den gerade Angekommenen nach seinen Eltern gesucht haben. Viele von ihnen kannte er. Vielleicht hat er hier sogar manchen Freund aus Dortmund wiedergetroffen, aber seine Eltern waren nicht mitgekommen. Doch die Dortmunder, die jetzt nach Riga gekommen waren, werden ihm zumindest bestätigt haben, daß seine Eltern noch lebten und in dem „Judenhaus" Otto-Senft-Straße 141 noch immer auf ihre Deportation nach dem Osten warteten.[1] Vermutlich wird Rolf Bischofswerder sogar erleichtert gewesen sein, daß seine Eltern nicht in dem Transport waren und ihnen ein Leben in dem Elend des Ghettos von Riga jedenfalls erspart blieb. Schlimmer als hier konnte es auch in Dortmund für sie kaum sein.

Ein, wenn auch nicht freudiges, Wiedersehen gab es für Rolf und Ruth Bischofswerder aber wenige Tage später: Die Krankenschwester Herta Adler, die im Schwesternheim des Kölner Krankenhauses „Israelitisches Asyl" dasselbe Zimmer mit Ruth Lilienfeld, der jetzigen Frau Bischofswerder, geteilt hatte, kam mit einem Transport aus Hannover in Riga an. Die heute in den Vereinigten Staaten lebende Herta Adler erinnert sich:

„Ruth und ich waren in Köln gute Freundinnen geworden. Sechs Wochen bevor der Kölner Transport nach Riga geschickt wurde, verließ ich Köln und zog zu meinen Eltern nach Hannover, da ich im Falle der Deportation zusammen mit meiner Familie abtransportiert werden wollte. Ich hatte keine Ahnung, daß Ruth und Rolf inzwischen geheiratet hatten und ebenfalls nach Riga deportiert worden waren. Als ich in Riga eintraf, waren die beiden die ersten Menschen, die ich sah. Rolf hat sogar noch etwas gelacht und das hat mir damals Mut gemacht.[2]

Von Tag zu Tag spitzte sich nun die Lage im Ghetto dramatischer zu. Der „Jüdische Wohnbezirk" Rigas war inzwischen zum Bersten gefüllt. In den bereits völlig überbelegten Wohnungen der verwahrlosten Häuser mußten die Menschen noch enger

[1] In Dortmund wie in allen Städten des Reiches zwangen die Nationalsozialisten die Juden, wenige Monate vor Beginn der Massendeportationen in sog. „Judenhäuser" unzuziehen. Durch die Konzentration der poteniellen Deportationsopfer in wenigen Häusern sollte ihr späterer Abtransport vereinfacht werden.

[2] Briefliche Mitteilung von Frau Herta Adler (USA) vom 28. 12. 1996 an den Verfasser

zusammenrücken. Hunger und Krankheiten griffen immer weiter um sich, und noch immer kamen in Abständen von wenigen Tagen weitere Transporte mit Juden aus dem Reich in Shirotawa an.
Die Führung der SS löste dieses Problem nach bekanntem Muster: Sie beschloß, einen Großteil der im deutschen Ghetto von Riga lebenden Menschen zu töten. Zur Vernichtung bestimmt wurden sämtliche Ghettobewohner, die nicht mehr oder noch nicht arbeitsfähig waren: alte Menschen, Kranke und Kinder. In den Augen der SS waren alle diese Menschen ohnehin nichts anderes als „unnütze Esser“.
Was die Durchführung weiterer Massenerschießungen von Juden anging, waren dem Reichssicherheitshauptamt in Berlin allerdings inzwischen Bedenken gekommen. Diese Bedenken waren keineswegs humanitärer, sondern rein praktischer Natur. Es hatte sich nämlich gezeigt, daß nicht wenige SS-Männer der mit der massenweisen Erschießung wehrloser Zivilisten, insbesondere auch von Frauen und Kindern, verbundenen phsychischen Belastung nicht gewachsen waren. Unter den Angehörigen der Erschießungskommandos war es zu Nervenzusammenbrüchen, vereinzelt sogar zu Selbstmorden gekommen. Die SS-Führung suchte daher nach Möglichkeiten, die bisherigen Massenerschießungen durch ein die SS-Männer weniger belastendes Tötungsverfahren zu ersetzen. Daß für solche Überlegungen gerade auch die in Riga gewonnenen Erfahrungen maßgebend waren, geht aus der Aussage des Höheren SS- und Polizeiführers (HSSPF) im Heeresgebiet Nord und Ostland, Friedrich Jeckeln, vom 21. Dezember 1945 hervor:
„Als ich im Dezember 1941 in Lötzen Himmler mündlich die Ausführung seines Befehls betreffs Erschießen der Juden des Rigaer Ghettos meldete, sagte mir Himmler, daß das Erschießen eine zu komplizierte Operation wäre. Zum Erschießen, sagte er, brauche man Leute, die erschießen können, und daß dieses auf die Leute schlecht einwirke. Daher, sagte Himmler weiter, wäre es doch am besten, die Menschen durch Anwendung von „Gaswagen“ zu liquidieren, welchc laut seinen Anweisungen in Deutschland angefertigt worden seien.“[1]
Mindestens zwei dieser „Gaswagen“ waren mittlerweile in Riga eingetroffen. Es handelte sich um kleinere, Dreitonnen-Lastwagen, mit einem geschlossenen Aufbau von ca. vier Metern Länge, der 30 bis 50 Personen aufnehmen konnte. Durch eine am Auspuff des Lastwagens angebrachte Schlauchverbindung wurden die Abgase des Motors in den Kastenaufbau geleitet. Mehrere dieser Fahrzeuge kamen zum Einsatz, als am frühen Morgen des 6. Februar 1942 eine Tragödie begann, die als „Aktion Dünamünde“ in die Geschichte des Ghettos von Riga eingegangen ist.[2] Lassen wir auch darüber Hilde Zander berichten:

[1] Abgedruckt bei Beer: Die Entwicklung der Gaswagen beim Mord an den Juden, S. 413.
[2] Der Einsatz der Gaswagen im Ghetto von Riga ist vielfach belegt: Vgl. neben Beer: Die Entwicklung der Gaswagen beim Mord an den Juden, S. 413 ff., auch: Kogon, Langbein, Rückerl: Nationalsozialistische Massentötungen durch Giftgas, S. 81 ff.

„Kaum begann der Tag zu dämmern, als die Ghettopolizei von Haus zu Haus rannte: „Alles antreten, alles raus, antreten am Prager Tor!" Es war das erste Mal, daß ein allgemeiner Appell stattfand.
Beim Morgengrauen strömten endlose Reihen vermummter Menschen durch die verschneiten Straßen zum Prager Tor. Als wir ankamen, stand schon ein unübersehbares Menschenknäuel dort. Die Polizei ordnete uns in Sechserreihen. Wir nahmen am Ausgang der Düsseldorfer Straße Aufstellung. Niemand wußte, was das zu bedeuten hatte. Eine ungeheure Spannung lag in der Luft, alle flüsterten gedämpft. Kinder begannen zu weinen und die Mütter versuchten, sie um jeden Preis stillzuhalten. Mit dem Tageslicht wuchs auch die furchtbare Kälte. Alle stampften mit den Füßen und schlugen die Hände aneinander, um sich etwas Wärme zu verschaffen.
Dann plötzlich der Befehl: „Achtung!" Krause erschien mit Gymnich, den anderen höheren SS-Offizieren und einer großen Mannschaft. „Kehrt marsch!" Wie auf dem Kasernenhof standen wir alle mit den Gesichtern zur SS. SS-Obersturmführer Krause begann, die Formation abzuschreiten, die anderen hinter sich. Er hob' seinen Stock und zeigte auf einen älteren Mann: „Du, raustreten. Und du. Du. Du. Du." Dann wandte er sich um und bedeutete den anderen SS-Schergen, ebenfalls mit dem Auswählen zu beginnen. Sie riefen einander Bemerkungen zu, und so hörten wir, daß der andere hohe SS-Offizier M. hieß, andere S., M., G. ... Männer, Frauen, Alte, Junge, Halbwüchsige und Kinder mußten auf der Prager Straße uns gegenüber Aufstellung nehmen.
Dann näherten sie sich uns; mit schreckgeweiteten Augen sah ich Fräulein Elkan, die – vor Ewigkeiten, in einem anderen Leben – bei Weinberg meine Chefin gewesen war, auf die andere Straßenseite gehen, zusammen mit ihren beiden älteren Schwestern. Dann kamen Elise Winter, die mit mir bei Weils gearbeitet hatte, Frau Hülsmann, ihre Schwester, und deren zwölfjährige Tochter Irma. Und Frau Simons, mit deren Sohn ich Religionsunterricht gehabt hatte, und Moritz Harf, der im Ersten Weltkrieg einen Arm verloren hatte, mit seiner Frau Helene. Und noch mehr Bekannte, noch viele mehr ...
Krause und seine Helfer redeten ununterbrochen. „Ihr werdet es gut haben. Ihr kommt in ein kleines Fischerdorf, Dünamünde, ganz in der Nähe. Dort gibt's leichte Arbeit für euch, in geschlossenen Räumen. In der Konservenfabrik. Ihr müßt Netze flicken und ... Ihr werdet es gut haben ..."
Plötzlich fuhr eine Wagenkolonne in das Ghetto: Thermoswagen, die, komplett isoliert, für Fleischtransporte verwendet wurden. Aber diese trugen ein riesiges Rotes Kreuz. Dann kam der Befehl: „Einsteigen, einsteigen, einsteigen, Bewegung, Bewegung, Bewegung!" Die Ausgesuchten begannen mühselig, auf die Wagen zu klettern, und immer mehr Menschen wurden hineingezwängt. Alles ging ruhig und glatt vor sich. Warum auch nicht? Die Aussicht auf leichtere Arbeit in geschlossenen Räumen war verlockend. Und alles im Zeichen des Roten Kreuzes. Das war doch eine beruhigende Verheißung!

Die Thermoswagen verließen das Ghetto in langer Reihe. Die Aktion ging weiter: „Du und du und du, du, du, du." Dann waren die ersten Thermoswagen wieder da, wurden erneut vollgestopft und verließen das Ghetto. Sie kamen noch ein drittes Mal. Plötzlich breitete sich Unruhe aus. Aber wir waren von SS umzingelt und konnten uns nicht rühren. Doch merkten wir uns die Nummernschilder der Thermoswagen, und als sie zum vierten Mal ins Ghetto kamen, wußten wir mit Sicherheit, daß sie jedesmal nur knapp 20 Minuten weggewesen waren. Das bedeutete zehn Minuten für die Hinfahrt und zehn zurück. Und das Aussteigen der Leute? Etwas Unfaßbares mußte vor sich gehen. Aber was? Und wie? Plötzlich lief die Parole von Mund zu Mund: „Nicht einsteigen, nicht einsteigen!"
Als die ersten sich weigerten, die Holztreppen ins Innere der Thermoswagen zu besteigen, begann die SS, ihr wahres Gesicht zu zeigen: Mit Stockhieben, Faustschlägen und Fußtritten trieben Krause, Gymnich und andere die Menschen in die Autos. Es hagelte Kolbenhiebe. Panik brach aus, die ersten Schüsse pfiffen über unsere Köpfe hinweg, und die Thermoswagen fuhren aus dem Ghetto ... Dann hieß es plötzlich: „Straße frei! Alles in die Häuser! Ausgehverbot"[1]

Ein ähnliches Schicksal wie den mit den Gaswagen abtransportierten Menschen stand auch Dr. Norbert Nathan Bischofswerder und seiner Frau Irma, den Eltern Rolf Bischofswerders, bevor. Wir wissen nicht, ob es Rolf Bischofswerder gelungen ist, von Riga aus noch einmal Kontakt zu seinen Eltern in Dortmund aufzunehmen. Manchem Juden im Ghetto von Riga bot sich im Lauf der Zeit die Gelegenheit, durch freundlich gestimmte Wehrmachtsoldaten unter Einschaltung „arischer" Empfängeradressen Briefe nach Hause befördern zu lassen. Dies war selbstverständlich bei Todesstrafe verboten und mit hohem Risiko verbunden, denn allzu leicht konnte man dabei jemandem in die Hände fallen, der insgeheim mit der Gestapo zusammenarbeitete.

Rolf Bischofswerder, ein – wie wir noch sehen werden – sehr wagemutiger Mann, dürfte dieses Risiko nicht gescheut haben. Aber selbst wenn er tatsächlich von Riga aus Briefe nach Dortmund geschickt hat, bleibt mehr als fraglich, ob diese Briefe seine Eltern jemals erreicht haben, noch ungewisser, ob er je eine Antwort von ihnen bekommen hat.

Reinhardt Witzig, Rolf Bischofswerders ehemaliger Klassenkamerad am Städtischen Gymnasium, hatte in jenen Tagen in Dortmund eine letzte, bedrückende Begegnung mit dem Tierarzt Dr. Norbert Nathan Bischofswerder:

„Das letzte Mal traf ich den Vater unseres Klassenkameraden, als der gelbe Judenstern getragen werden mußte. Er kam aus einem Haus der unteren Dresdner Straße. Ich ging auf ihn zu und begrüßte ihn. Als wir ein Wegstück in der fast menschenleeren Straße gegangen waren, in die Sonnenstraße einbogen zur Unterführung hin, blieb

[1] Sherman-Zander: Zwischen Tag und Dunkel, S. 48 ff.

er stehen: „Lieber Herr Witzig, wenn Sie mir und sich selber Unannehmlichkeiten ersparen wollen, dann wechseln Sie bitte jetzt die Straßenseite. Ich wünsche uns ein besseres Wiedersehen!“ Dann wandte er sich um und ging mit großen Schritten von mir fort. Aus der Entfernung sah ich, wie seine fast vierschrötige Gestalt die Kreuzung am Cafe „Grafenhof“ überquerte.“[1]

Wenige Wochen nach dieser Begegnung, im April 1942, erhielten die Eltern Rolf Bischofswerders den so lange erwarteten und gefürchteten Deportationsbescheid. Als Ziel ihres Transports war offiziell die südlich von Lublin gelegene polnische Stadt Zamosc angegeben. Tatsächlich ging der Transport aber in das nur wenige Kilometer von Zamosc entfernt liegende Vernichtungslager Belzec. Überlebende aus diesem Transport gab es nicht.

Das Ehepaar Bischofswerder mußte sich zusammen mit etwa 700 bis 800 weiteren Personen aus Dortmund am 27. April 1942 in der Turnhalle des Sportvereins „Eintracht“ am Rheinlanddamm einfinden. Drei Tage später, am 30. April 1942, verließ der Deportationzug Dortmund. In den Akten des Einwohnermeldeamts Dortmund heißt es in einem handschriftlichen Vermerk hinter den Namen von Dr. Nathan und Irma Bischofswerder ebenso verschleiernd wie beschönigend, „am 30. April 1942 nach dem Osten abgewandert“.

SS-Obersturmführer Kurt Gerstein, der in heimlicher Opposition zum Ausrottungsprogramm der SS stand, hat am 18. August 1942 das Vernichtungslager Belzec besichtigt. Aus seinem damaligen Bericht, der erhalten geblieben ist, läßt sich schließen, welches Los die Eltern von Rolf Bischofswerder Anfang Mai 1942 in Belzec erwartete. So sah der „Dank des Vaterlands“ für den Kriegsfreiwilligen von 1914, den mit dem Eisernen Kreuz 1. Klasse dekorierten Frontkämpfer und seine Frau aus: „Am anderen Tage fuhren wir nach Belzec. Ein kleiner Spezialbahnhof war zu diesem Zweck an einem Hügel hart an der Chaussee Lublin – Lemberg im linken Winkel der Demarkationslinie geschaffen worden. Südlich der Chaussee einige Häuser mit der Inschrift „Sonderkommando Belzec der Waffen-SS“. Da der eigentliche Chef der gesamten Tötungsanlagen, der Polizeihauptmann Wirth, noch nicht da war, stellte Globocnik mich dem SS-Hauptsturmführer Obermeyer (aus Pirmasens) vor. Dieser ließ mich an jenem Nachmittag nur das sehen, was er mir eben zeigen mußte. Ich sah an diesem Tage keine Toten, nur der Geruch der ganzen Gegend im heißen August war pestilenzartig, und Millionen von Fliegen waren überall zugegen. Dicht bei dem kleinen zweigleisigen Bahnhof war eine große Baracke, die sogenannte Garderobe, mit einem großen Wertsachenschalter. Dann folgte ein Zimmer mit etwa 100 Stühlen, der Friseurraum. Dann eine kleine Allee im Freien unter Birken, rechts und links von doppeltem Stacheldraht umsäumt, mit Inschriften: „Zu den Inhalier- und Baderäumen!“ Vor uns eine Art Badehaus mit Geranien, dann ein Treppchen, und dann rechts und links je Räume 5x5 Meter ... Auf dem Dach als „sinniger kleiner Scherz“

[1] Briefliche Mitteilung von Herrn Reinhardt Witzig (Goslar) vom 28.2.1997 an den Verfasser

der Davidstern! Vor dem Bauwerk eine Inschrift: „Heckenholt-Stiftung". Mehr habe ich an jenem Nachmittag nicht sehen können.

Kurt Gerstein, noch während seiner Grundausbildungszeit im April 1941 in der Uniform eines Soldaten der Waffen-SS

Am anderen Morgen um kurz vor sieben Uhr kündigt man mir an: „In zehn Minuten kommt der erste Transport!" Tatsächlich kam nach einigen Minuten der erste Zug von Lemberg aus an. 45 Waggons mit 6700 Menschen, von denen 1450 schon tot waren bei ihrer Ankunft. Hinter den vergitterten Luken schauten, entsetzlich bleich und ängstlich, Kinder durch, die Augen voller Todesangst, ferner Männer und Frauen. Der Zug fährt ein: 200 Ukrainer reißen die Türen auf und peitschen die Leute mit ihren Lederpeitschen aus den Waggons heraus. Ein großer Lautsprecher gibt die weiteren Anweisungen: sich ganz ausziehen, auch Prothesen, Brillen usw. Die Wertsachen am

Schalter abgeben, ohne Bons oder Quittung. Die Schuhe sorgfältig zusammenbinden (wegen der Spinnstoffsammlung), denn in dem Haufen von reichlich 25 Meter Höhe hätte sonst niemand die zugehörigen Schuhe wieder zusammenfinden können. Dann die Frauen und Mädchen zum Friseur, der mit zwei, drei Scherenschlägen die ganzen Haare abschneidet und sie in Kartoffelsäcken verschwinden läßt. „Das ist für irgendwelche Spezialzwecke für die U-Boote bestimmt, für Dichtungen oder dergleichen", sagt mir der SS-Unterscharführer, der dort Dienst tut.
Dann setzt sich der Zug in Bewegung. Voran ein bildhübsches junges Mädchen, so gehen sie die Allee entlang, alle nackt, Männer, Frauen, Kinder, ohne Prothesen. Ich selbst stehe mit dem Hauptmann Wirth oben auf der Rampe zwischen den Kammern. Mütter mit ihren Säuglingen an der Brust, sie kommen herauf, zögern, treten ein in die Todeskammern! An der Ecke steht ein starker SS-Mann, der mit pastoraler Stimme zu den Armen sagt: „Es passiert euch nicht das geringste! Ihr müßt nur in den Kammern tief Atem holen, das weitet die Lungen, diese Inhalation ist notwendig wegen der Krankheiten und Seuchen." Auf die Frage, was mit ihnen geschehen werde, antwortet er: „Ja, natürlich, die Männer müssen arbeiten, Häuser und Chausseen bauen, aber die Frauen brauchen nicht zu arbeiten. Nur wenn sie wollen, können sie im Haushalt oder in der Küche mithelfen." Für einige von diesen Armen ein kleiner Hoffnungsschimmer, der ausreicht, daß sie ohne Widerstand die paar Schritte zu den Kammern gehen – die Mehrzahl weiß Bescheid, der Geruch kündet ihnen ihr Los! So steigen sie die kleine Treppe herauf, und dann sehen sie alles. Mütter mit Kindern an der Brust, kleine nackte Kinder, Erwachsene, Männer und Frauen, alle nackt – sie zögern, aber sie treten in die Todeskammern, von den anderen hinter ihnen vorgetrieben oder von den Lederpeitschen der SS getrieben. Die Mehrzahl, ohne ein Wort zu sagen. Eine Jüdin von etwa 40 Jahren mit flammenden Augen ruft das Blut, das hier vergossen wird, über die Mörder. Sie erhält fünf oder sechs Schläge mit der Reitpeitsche ins Gesicht, von Hauptmann Wirth persönlich, dann verschwindet auch sie in der Kammer. Viele Menschen beten, andere fragen: „Wer wird uns das Totenwasser reichen?"
Ich bete mit ihnen, ich drücke mich in eine Ecke und schreie laut zu meinem und ihrem Gott. Wie gern wäre ich mit ihnen in die Kammern gegangen, wie gern wäre ich ihren Tod mit gestorben. Sie hätten dann einen uniformierten SS-Offizier in ihren Kammern gefunden, die Sache wäre als Unglücksfall aufgefaßt und behandelt worden und sang- und klanglos verschollen. Noch also darf ich nicht, ich muß noch zuvor künden, was ich hier erlebe! Wirth hatte mir gesagt: „Es gibt nicht zehn lebende Menschen, die so viel wie Sie gesehen haben oder sehen werden." Alle ausländischen Hilfsmannschaften werden am Ende erschossen. Ich bin einer der wenigen Menschen, die die ganze Einrichtung gesehen haben, und bestimmt der einzige, der diese Mörderbande als Feind besucht hat.
Die Kammern füllen sich. Gut vollpacken – so hat es der Hauptmann Wirth befohlen. Die Menschen stehen einander auf den Füßen. 700 - 800 auf 25 Quadratmetern, in 45

Kubikmetern! Die SS zwängt sie physisch zusammen, soweit es überhaupt geht. Die Türen schließen sich. Währenddessen warten die anderen draußen im Freien, nackt. Man sagt mir: „Auch im Winter genauso!" – „Ja, aber sie können sich ja den Tod holen!" sagte ich. – „Ja, grad for das sinne se ja doh!" sagt mir ein SS-Mann darauf in seinem Platt. Jetzt endlich verstehe ich auch, warum die ganze Einrichtung Heckenholt-Stiftung heißt. Heckenholt ist der Chauffeur des Dieselmotors, ein kleiner Techniker, gleichzeitig der Erbauer der Anlage. Mit den Dieselauspuffgasen sollen die Menschen zu Tode gebracht werden. Aber der Diesel funktioniert nicht! Der Hauptmann Wirth kommt. Man sieht, es ist ihm peinlich, daß das gerade heute passieren muß, wo ich hier bin. Jawohl, ich sehe alles! Und ich warte. Meine Stoppuhr hat alles brav registriert. 50 Minuten, 70 Minuten – der Diesel springt nicht an! Die Menschen warten in ihren Gaskammern. Vergeblich. Man hört sie weinen, schluchzen „wie in der Synagoge", sagte Professor Pfannenstiel, das Auge an das Fenster gepreßt, das in der hölzernen Tür angebracht ist. Der Hauptmann Wirth schlägt mit seiner Reitpeitsche dem Ukrainer, der dem Unterscharführer Heckenholt beim Diesel helfen soll, 12- bis 13mal ins Gesicht. Nach 2 Stunden 49 Minuten – die Stoppuhr hat alles wohl registriert – springt der Diesel an. Bis zu diesem Augenblick leben die Menschen in diesen vier Kammern, viermal 750 Menschen in viermal 45 Kubikmetern! Von neuem verstreichen 25 Minuten. Richtig, viele sind jetzt tot. Man sieht das durch das kleine Fensterchen, in dem das elektrische Licht die Kammer einen Augenblick beleuchtet. Nach 28 Minuten leben nur noch wenige. Endlich, nach 32 Minuten ist alles tot."[1]

Rolf Bischofswerder erfuhr im Ghetto von Riga von all dem gottlob nichts. Vielleicht hat er nicht einmal erfahren, daß seine Eltern überhaupt deportiert worden waren.

Inzwischen begann sich das Leben der Ghettobewohner ein wenig zu normalisieren. Nach der „Aktion Dünamünde", die Tausende das Leben gekostet hatte, gab es in den Wohnungen mehr Platz für die Menschen. Beherzte Männer und Frauen in der von der SS eingesetzten jüdischen Ghettoverwaltung versuchten, etwas Ordnung in das Chaos zu bringen.

Für die Kleinsten wurden Kindergärten eingerichtet, damit die Kinder nicht unbeaufsichtigt blieben, während ihre Mütter und Väter mit den Arbeitskommandos ausgerückt waren. Die größeren Kinder erhielten Unterricht in allen gewohnten Fächern. An qualifizierten Lehrkräften herrschte kein Mangel unter den Deportierten. Als weitaus schwieriger erwies es sich, Lehrbücher und das erforderliche Schreibmaterial zu beschaffen, doch wurde auch dieses Problem einigermaßen gelöst.

Die vordringlichste Sorge galt der medizinischen Versorgung des Ghettos. Schon die grassierenden Durchfall- und Erkältungskrankheiten forderten zahlreiche Opfer unter den durch Hunger geschwächten Menschen. Hinzu kamen die ersten Fälle von

[1] Abgedruckt bei Friedländer: Kurt Gerstein, S. 97 ff.

Typhus und die unzähligen Menschen, die mit schwersten Erfrierungen ins Ghetto eingeliefert wurden, ganz zu schweigen von den zahllosen offenen Wunden und Knochenbrüchen, die den Ghettobewohnern durch Mißhandlungen seitens der SS zugefügt wurden.
In einem kleinen, zweistöckigen Haus gleich neben dem Wohnbezirk der Dortmunder Juden wurde ein Lazarett eingerichtet. Die Leitung dieses Lazaretts übertrug die SS dem Kölner Arzt Dr. Hans Aufrecht, der – ebenso wie Rolf Bischofswerder – zuvor am Krankenhaus „Israelitisches Asyl" in Köln-Ehrenfeld tätig gewesen war. Für die jüdischen Bewohner des Ghettos sollte sich die Ernennung Dr. Aufrechts zum Chefarzt (Herta Adler: „Seine Frau hat den Kommandanten angelächelt, und er wurde Hauptarzt des Ghettos".)[1] schon bald als verhängnisvoll erweisen. Assistent des Chefarztes Dr. Aufrecht wurde sein früherer Mitarbeiter am Israelitischen Asyl, der Chirurg Dr. Rolf Bischofswerder.

Hinterhaus der „Dortmunder Gruppe" im Ghetto von Riga (Aufnahme von 1996)

Rolf Abrahamsohn aus Gelsenkirchen, der zusammen mit seiner Mutter im Nachbarhaus des Lazaretts lebte, beobachtete Rolf Bischofswerder nun täglich bei dessen Arbeit. Der erst 17jährige sah nicht ohne eine gewisse Bewunderung auf den zwölf Jahre älteren jungen Arzt: „Dr. Bischofswerder war ein ganz flotter Bursche, sehr ele-

[1] Briefliche Mitteilung von Frau Herta Adler (USA) an den Verfasser

Vorderhaus der Dortmunder Gruppe im Ghetto von Riga (Aufnahme von 1996)

gant in seinem weißen Anzug und dem weißen Kittel, den er immer darüber trug. Und er war ja auch ein sehr gut aussehender Mann. Er war ständig in Bewegung, hatte nie Zeit. Ich glaube, daß sich auch einige von unseren jungen Frauen für ihn interessiert haben. Es gab ja manche, die auf ihren Arbeitskommandos noch ausreichend zu essen bekamen. Die dachten durchaus noch an solche Dinge."[1]

Daß die SS-Führung die Einrichtung eines Lazaretts im Ghetto überhaupt erlaubte, entsprang keineswegs humanitären Erwägungen. Eine hohe Sterberate, die den Bestand an Juden im Ghetto gewissermaßen „natürlich" reduzierte, war ihr an sich durchaus erwünscht. Eine effektive Ausbeutung der jüdischen Arbeitskräfte wäre jedoch nicht mehr gewährleistet gewesen, hätte man den Ghettobewohnern auch die primitivste medizinische Betreuung verweigert. Vor allem aber bestand, wenn man jede medizinische Versorgung des Ghettos durch die jüdischen Ärzte unterband, die Gefahr einer unkontrollierten Ausbreitung von Seuchen. Epidemische Massenerkrankungen rafften jedoch nicht nur die „unnützen Esser" im Ghetto dahin, sondern gefährdeten in gleicher Weise auch das Leben der dringend benötigten jüdischen Arbeitskräfte. Außerdem – und dies wird die vorrangigste Überlegung der SS-Führung gewesen sein – bestand bei einer unkontrollierten Ausbreitung von Seuchen

[1] Interview mit Herrn Rolf Abrahamsohn (Marl) vom 25.2.1997

die Gefahr der Ansteckung auch für die deutschen und lettischen Bewachungsmannschaften.

Das Kalkül der SS-Führung, die Arbeitskraft der jüdischen Menschen innerhalb eines Programms der „Vernichtung durch Arbeit“ noch für eine gewisse Zeit auszunutzen, war ja im übrigen die einzige Basis, die das Ghetto von Riga noch weiterbestehen ließ und seine Bewohner vor der sofortigen Vernichtung bewahrte.

Seit Ende Januar 1942 arbeiteten die im Rigaer Ghetto untergebrachten Juden in einer Vielzahl von Arbeitsstätten außerhalb des Ghettos, bei der Wehrmacht, der Zivilverwaltung und verschiedenen Behörden der Stadt. Jüdische Arbeitskommandos waren u. a. beim Heereskraftfahrpark (H.K.P.), beim Armeebekleidungsamt (A.B.A.), im Truppenwirtschaftslager (T.W.L.), in den Gestapowerkstätten „Lenta“, im Feldbekleidungsamt der Luftwaffe, im Heeresverpflegungsmagazin und auf dem Flughafen Spilve beschäftigt. Auch mehrere Privatfirmen, wie die Firma „Beton- und Monierbau“ oder der Elektrokonzern „A.E.G.“, setzten jüdische Zwangsarbeiter in Riga ein.

„Um 6 Uhr morgens erwachte das Ghetto zum Leben. Männer und Frauen, vermummt vom Scheitel bis zur Sohle, verließen ihre Unterkünfte. Nach der Abmeldung im Gruppenbüro sammelte man sich beim Kolonnenführer. Zwischen 6.30 und 7.00 Uhr wurde abmarschiert.“[1]

Da Juden keine Bürgersteige benutzen durften, marschierten die Kolonnen auf der Fahrbahn. Nur ihr „arischer“ Führer benutzte den Bürgersteig. Die Bevölkerung Rigas hatte sich bereits so sehr an den Anblick der zerlumpten Elendsgestalten mit dem Judenstern gewöhnt, daß sie kaum noch Notiz von ihnen nahm.

[1] Gerda Gottschalk: Der letzte Weg, S. 28

Jüdisches Arbeitskomando auf dem Weg zu seiner Arbeitsstätte im Stadtgebiet von Riga

Auf dem Weg durch die Stadt zu ihren Arbeitsstätten blieben die Arbeitskolonnen ohne Bewachung. Nur ein Abgesandter ihrer jeweiligen Arbeitgeber begleitete sie. Daß es gleichwohl zu Fluchtversuchen so gut wie nie kam, dafür sorgte schon die Drohung der SS, für jeden Geflüchteten mehrere Bewohner des Ghettos zu erschießen. Aus diesem Grund nahm auch Rolf Abrahamsohn aus Gelsenkirchen die sich ihm bietenden Fluchtmöglichkeiten nicht wahr: „Ich war mit meinem Arbeitskommando beim Nationalsozialistischen Kraftfahrer-Korps (NSKK) eingesetzt. Wir mußten da alte Lastkraftwagen abladen, die mit Güterzügen der Reichsbahn in Riga ankamen. Wiederholt kamen Partisanen an unsere Arbeitsstelle und forderten uns jüdische Zwangsarbeiter auf, mit ihnen in die Wälder zu fliehen. Wir haben das immer abgelehnt, denn wer hätte das denn verantworten können, daß nach unserer Flucht etliche unserer Kameraden im Ghetto erschossen worden wären?"[1]

Die Behandlung der jüdischen Zwangsarbeiter war an den jeweiligen Arbeitsstätten unterschiedlich, bei denen der Wehrmacht im allgemeinen wesentlich besser als anderswo. Zum Teil wurden die Zwangsarbeiter auf ihren Außenkommandos ordentlich verpflegt und behielten sogar ein Stück Brot übrig, das sie ihren Angehörigen im Ghetto mitbringen konnten. Überhaupt schätzte sich jeder Ghettobewohner glücklich, wenn er einem Außenarbeitskommando zugeteilt war. Denn nur diese Arbeitsstellen boten die Möglichkeit, die offizielle Ghettoverpflegung, die zum Überleben nicht ausreichte, zu ergänzen. Vor allem diejenigen, die im Ghetto Kinder oder alte Eltern zu versorgen hatten, waren auf die Zusatzverpflegung bei den Außenarbeitskommandos dringend angewiesen.

Wer einem Außenarbeitskommando zugeteilt war, konnte nämlich nicht nur auf eine zusätzliche Suppe oder ein Stück Brot an seiner Arbeitsstätte hoffen, hier bot sich manchmal – besonders beim Heeresverpflegungsmagazin – auch die Möglichkeit, heimlich Lebensmittel zu entwenden. Vor allem aber lockte die hungernden Menschen die Aussicht, dort Kontakt mit der lettischen Zivilbevölkerung aufnehmen zu können.

Kleidungsstücke, die sie bei den Aufräumungsarbeiten im lettischen Teil des Ghettos verbotenerweise an sich genommen hatten, konnten die Zwangsarbeiter hier gegen ein Brot oder sogar ein Stück Speck eintauschen. Oft genug wurden die Juden bei den in aller Heimlichkeit und Eile abgewickelten Tauschgeschäften von ihren lettischen Partnern betrogen – in dem eingetauschten Sack Kartoffeln fanden sich später Erdklumpen –, doch viele der so dringend benötigten Lebensmittel gelangten auf diese Weise in das hungernde Ghetto.

Wie fast alles, war den Juden selbstverständlich auch jeder Tauschhandel bei Todesstrafe verboten. Wer dabei entdeckt wurde, hatte sein Leben unweigerlich verwirkt. Er wurde erschossen – meist auf dem Friedhof des Ghettos – oder zur Abschreckung öffentlich gehenkt.

[1] Interview vom 25. 2. 1997 mit Herrn Rolf Abrahamsohn (Marl)

„Wenn die Arbeitskolonnen zurückkehrten, geschah es nur allzu oft, daß der Kommandant und Gymnich am Ghettotor standen. Dort kontrollierten, schlugen und untersuchten sie uns. Wurde bei einem nur das Geringste gefunden, so kam der Unglückliche augenblicklich in den Bunker und von da an die Friedhofsmauer.
Sowie die sich dem Tor nähernden Kommandos sahen, daß die beiden Mörder anwesend waren, warf jeder so schnell als möglich, was er an Lebensmitteln oder Geld bei sich hatte, einfach weg. Auf diese Weise türmten sich Berge von Sachen, die „niemandem" gehörten. Sie wurden von der jüdisch-deutschen Polizei eingesammelt und keiner sah etwas wieder.
Die verwundeten SS-Männer, die aus den Fenstern des SS-Lazaretts „Linas-Hazedek", direkt beim Ghettotor, derartige Vorgänge genau beobachteten, merkten sich die Leute, die etwas wegwarfen, um sie zu melden. Selbstverständlich hatten diese dann ihr Leben verwirkt."[1]
Ein Junge von 19 Jahren wurde gehenkt, weil man bei der Kontrolle am Schlagbaum zehn Mark bei ihm gefunden hatte. Als er hoch auf dem Brett unter dem Galgen stand, rief er dem Kommandanten zu: „Denken Sie immer daran: Für zehn Mark, Herr Kommandant!"[2]
Ein ähnliches Schicksal traf auch Frau Baum vom Düsseldorfer Transport, die ihren Mann im Lager „Salaspils" verloren und jetzt sieben kleine Kinder allein zu versorgen hatte: „Ein Eisenbahner schenkte ihr außer Brot und Suppe auch noch einen Blechteller. Und der wurde bei der Kontrolle am Schlagbaum von T. und N. bei ihr gefunden. Frau Baum wurde von beiden mit Fußtritten und Faustschlägen traktiert, weil sie „Heeresgut" gestohlen hätte. Dann brachten sie die Unglückliche zur Kommandantur. Sofort wurde sie von Krause wegen „Diebstahls von Heeresgut" zum Tode verurteilt. All ihr Flehen half nichts. Die Straßen wurden gesperrt. Frau Baum mußte vor Krause hergehen, der sich, Zigarre im Mund, von Gymnich, seinem Adjutanten, begleiten ließ.
Als sie in Höhe der Düsseldorfer Straße ankamen, schickten wir ihre sieben Kinder hinaus, sie sollten um das Leben ihrer Mutter bitten. Der Älteste, ungefähr zwölf Jahre, trug das Baby auf dem Arm. Alle knieten vor Krause und Gymnich nieder. Frau Baum bückte sich, um ihre Kinder zu umarmen. Da hob Krause seine Pistole und tötete sie durch einen Genickschuß. Vor den entsetzten Augen der Kinder ....
Danach steckte Krause seine Pistole wieder in die Tasche, schob seine Zigarre in den anderen Mundwinkel und ging mit Gymnich und Schäferhund zur Kommandantur zurück."[3]
Ob Rolf Bischofswerder angesichts derart entsetzlicher Grausamkeiten seinen Glauben an den Gott der Juden bewahrt hat? – Vielleicht ging es ihm ähnlich wie Herta Adler, die ihre damaligen religiösen Gefühle so beschrieben hat: „Wir konnten nicht

[1] Max Kaufmann: Die Vernichtung der Juden Lettlands, S. 194
[2] Unveröffentlichte Aufzeichnungen von Frau Liesel Ginsburg (Köln), S. 29
[3] Sherman-Zander: Zwischen Tag und Dunkel, S. 68

mehr glauben, daß es einen Gott gibt, aber wir beteten trotzdem zu ihm, daß er uns helfen möge."[1]
Gelegenheit, sich auf den jüdischen Glauben zu besinnen und im gemeinsamen Gebet Trost und Stärkung zu finden, gab es im Ghetto von Riga durchaus. Mit ausdrücklicher Erlaubnis des Kommandanten waren in fast allen Gruppen eigene Betsäle eingerichtet worden. Auch das Abhalten von Gottesdiensten hatte Kommandant Krause erlaubt, allerdings zur Bedingung gemacht, daß sich während der Arbeitszeit die Gläubigen nicht versammeln dürften. Dies werde anderenfalls als Sabotage betrachtet werden.[2]
Max Kaufmann, der schon mehrfach erwähnte lettische Jude, erhielt von einem Kölner Freund eine Einladung zum Sabbat-Gottesdienst im Betsaal der Kölner Gruppe und bewahrte diese Erinnerung an jenen Abend: „Ich war ganz erstaunt, eine richtige Synagoge vorzufinden. Sie befand sich in einem großen Saal der Kölner Straße, gegenüber dem alten jüdischen Friedhof, und war direkt reich ausgestattet. Ein schöner „Oroin-Koidesch" mit einem verzierten „Poroiches" (Vorhang) stand darin. Verschiedene Aufschriften in jüdischer und deutscher Sprache – bei dieser handelte es sich um den für mich gänzlich unverständlichen Kölner Dialekt – hingen an den Wänden. Außerdem schmückten diese noch selbstangefertigte Stickereien der Frauen. Der ganze Raum war von größter Sauberkeit und Ruhe beherrscht.
Durch Bloch wurde mir die jüdisch-deutsche Prominenz vorgestellt. Angefangen von Leiser bis zu allen möglichen anderen Persönlichkeiten, von denen fast jeder einen Titel besaß. In der Synagoge waren auch viele und sogar junge Frauen. Der Kölner Kantor wollte unbedingt seine Kunst zeigen. Als sehr eindrucksvoll empfand ich das Gebet „Lchoi doidi", das alle zusammen, Männer und Frauen, sangen. Zum Schluß schlug der „Gaabe" (Älteste) Bloch dem Kantor vor, um den Gast zu ehren, ein deutsch-jüdisches Volkslied zu singen. Das Lied enthielt ausnehmend schöne und für die Zeit passende Worte, nur die Wiedergabe war leider sehr mangelhaft."[3]
Der Kölner Rabbiner Ungar verstand es durch seine Predigten immer wieder, die Menschen die Schwere der Zeit wenigstens für die Dauer des Gottesdienstes vergessen zu lassen. Ob auch Rolf und Ruth Bischofswerder an den im Ghetto abgehaltenen Gottesdiensten teilgenommen haben, ist nicht bekannt.
Als Assistenzarzt des Chefarztes Dr. Hans Aufrecht hatte Rolf Bischofswerder im Zentral-Lazarett des Ghettos einen schweren Stand. Dr. Aufrecht hatte sich – im Gegensatz zur Haltung aller anderen jüdischen Ärzte des Ghettos – vom ersten Tag an für eine Überlebensstrategie entschieden, die auf eine bedingungslose Unterwerfung unter den Willen der SS und eine willfährige Zusammenarbeit mit ihr hinauslief. In seinem Eifer, um jeden Preis das Wohlwollen des Kommandanten zu gewinnen und

[1] Briefliche Mitteilung von Frau Herta Adler (USA) vom 4.2.1997 an den Verfasser
[2] Arntz: Religiöses Leben der Kölner Juden im Ghetto von Riga, S. 127
[3] Max Kaufmann: Die Vernichtung der Juden Lettlands, S. 167 f.

sich der SS möglichst unentbehrlich zu machen, führte Dr. Aufrecht deren Befehle bedenkenlos aus.
Während sich die anderen Ärzte nach Kräften bemühten, die Kranken und Schwachen rechtzeitig zu warnen, wenn wieder eine der regelmäßig stattfindenden Selektionen der SS im Ghettolazarett bevorstand, schwang sich Dr. Aufrecht selbst zum „Herrn über Leben und Tod" auf, indem er im Auftrag der SS die „Verschickungsliste" führte. Die spätere Bundestagsabgeordnete Jeanette Wolff erinnert sich: „Auch mein ältestes Mädel war von Chefarzt Dr. Aufrecht mit auf die Liste gestellt worden, und nur durch Rücksprache mit dem Polizeioberleutnant Hesphe, der mit dem Kommandanten sprach, blieb mir meine damals 28jährige Tochter erhalten. Von der Schutzpolizei erfuhren wir dann, daß es sich bei dieser Verschickung um planmäßige Ausrottung handelte. Unsere seelische Verfassung war nicht zu beschreiben".[1]
Jüdische Überlebende aus Riga charakterisieren den Häftlingsarzt Dr. Aufrecht übereinstimmend als „Lakaien der SS" oder als „halben SS-Mann". Ghettobewohner, denen Dr. Aufrecht nicht vom Kölner Krankenhaus „Israelitisches Asyl" her bekannt war, hielten ihn häufig sogar für einen Arzt der SS, obwohl Dr. Aufrecht unter seinem weißen Arztkittel natürlich keine SS-Uniform trug, deren Kragenspiegel man hätte sehen können. Das folgende Urteil des lettischen Judens Max Kaufmann dürfte durchaus auch der vorherrschenden Meinung der deutschen Juden über Dr. Aufrecht entsprochen haben: „Es wurde mir erzählt, daß er (Dr. Aufrecht) eine sehr arrogante Behandlungsweise habe und für unsere jüdischen Angelegenheiten überhaupt kein Verständnis besitze. Er war von derbem Charakter und mäßiger Klugheit; bei den Kommandanten Krause und Roschmann fand er stets als williges Werkzeug Unterstützung. Im Sommer konnte man den kleinen, bebrillten Arzt in einem weißen, eleganten Anzug in Gesellschaft der Mörder antreffen."[2]
Die Juden des Ghettos fürchteten den Häftlingsarzt Dr. Aufrecht schließlich fast ebenso sehr wie ihre Peiniger aus den Reihen der SS. Man versuchte, ihm aus dem Weg zu gehen, und jeder Kranke, der sich noch halbwegs auf den Beinen halten konnte, war bestrebt, das Ghettolazarett so schnell wie möglich wieder zu verlassen.
Doch nicht nur die jüdischen Patienten fürchteten sich vor Dr. Aufrecht, selbst seine Assistenzärzte, wie Dr. Bischofswerder und der aus Berlin stammende Dr. Joseph, mußten vor ihm auf der Hut sein. Wenn sie, was Dr. Aufrecht niemals gewagt hätte, Patienten, die an ansteckenden Krankheiten litten und an sich der SS zur Vernichtung gemeldet werden mußten, mit gefälschten Diagnosen vor dem Zugriff der SS bewahrten, mußten sie dies auch vor ihrem jüdischen Chefarzt geheimhalten. Eine der Patienten, der Rolf Bischofswerder auf diese Weise das Leben rettete, war seine frühere Freundin Ruth Willner aus Köln: „Als ich im Rigaer Ghetto an Scharlach

[1] Wolff: Mit Bibel und Bebel, S. 26
[2] Kaufmann: Die Vernichtung der Juden Lettlands, S. 147 f.

erkrankte, kam ich in die Krankenstube des Ghettos, die als Isolierstation benutzt wurde, ohne daß die eigentliche Infektionskrankheit bekannt wurde. Dort war ich sechs Wochen. Betreut haben uns Dr. Joseph und Dr. Bischofswerder. Beide waren auch Häftlinge. Sie haben uns gegen Inspektionen der SS abgeschirmt, denn im Ghetto durfte es keine Infektionskrankheiten geben, da die SS Angst vor einer Epidemie hatte. Die Inspektionen wurden von SS-Sturmbannführer Krause, SS-Obersturmbannführer Dr. Lange und Scharführer Gymnich durchgeführt."[1]

Letztlich ging die von Dr. Aufrecht gewählte Überlebensstrategie nicht auf. Er überlebte zwar die spätere Auflösung des Ghettos, die anschließende Kasernierung in den Gestapo-Werkstätten „Lenta" und schließlich auch noch die Haft im Konzentrationslager Stutthof. Nach der Befreiung zeigten ihn aber jüdische Überlebende im Lager Lauenburg bei den Sowjets an, die ihn daraufhin wegen „hartherziger Behandlung der Juden" erschossen."[2]

Von Anfang an kam es im Ghetto zu zahlreichen Vergewaltigungen jüdischer Frauen und Mädchen. Was die Nationalsozialisten im Reichsgebiet als sogenannte „Rassenschande" mit Zuchthaus oder sogar mit dem Tod bestraften, hier im Osten war es den SS-Männern stillschweigend erlaubt. Auch in Riga lebte die SS nach ihren eigenen Gesetzen, und schöne, junge Jüdinnen mußten ihr die „rassereine" Verbindung ersetzen. Es kam vor, daß die Kommandantur von der jüdischen Ghettoverwaltung für Arbeitskommandos ausdrücklich nur „schöne Mädchen" anforderte. Besonders ausgefallene Schönheiten unter den Jüdinnen wurden sogar namentlich angefordert.

Mit massiven Drohungen oder durch Gewährung von Vergünstigungen wurden diese Frauen dazu gebracht, den SS-Männern zu Willen zu sein. Nach einigen Tagen oder Wochen tauschte man sie gegen andere aus. Wenn die Frauen Glück hatten, bekamen sie dann ein gutes Arbeitskommando, manchmal verschwanden sie auch auf Nimmerwiedersehen.

Trotz des Hungers, der ständigen Lebensgefahr und der beengten Wohnverhältnisse scheint die Sexualität auch unter den jüdischen Männern und Frauen des Ghettos ein Thema geblieben zu sein. Die Wienerin Gertrude Schneider berichtet, im Sommer des Jahres 1942 hätten die Ärzte aller Wohnbezirke den jungen Leuten Aufklärungsunterricht über Geschlechtskrankheiten und Empfängnisverhütung erteilt. Dr. Rolf Bischofswerder, der in diesen Dingen „ziemlich frei" gewesen sei, habe die jungen Frauen davor gewarnt, schwanger zu werden, da sie in diesem Fall die Strafe der Zwangssterilisation erleiden würden. Dies würde, so seine Worte, eine Tragödie für sie sein, wenn der Krieg eines Tages vorbei sei und sie alle wieder frei sein würden."[3]

[1] Aussage der Zeugin Ruth Roseboom (geb. Willner) vom 22. 4. 1988 im Ermittlungsverfahren – 130 Js 2/78 – Staatsanwaltschaft Köln.

[2] Kaufmann: Die Vernichtung der Juden Lettlands, S. 148

[3] Schneider: Journey into Terror, S. 90

Aus diesen Worten Rolf Bischofswerders sprechen eine Zuversicht und eine ungebrochene Lebensbejahung, die im Sommer 1942 nur Bewunderung verdienen konnten, denn tatsächlich schien die Situation der Juden im deutschen Herrschaftsbereich zu dieser Zeit ganz und gar verzweifelt: Im Osten stieß die Wehrmacht im Zuge ihrer Sommeroffensive immer weiter vor und näherte sich bereits der Wolga. In Nordafrika hatten die deutsch-italienischen Truppen die ägyptische Grenze überschritten und bedrohten den Suezkanal.

Gleichwohl, so berichtet Gertrude Schneider, habe Dr. Bischofswerder nie aufgehört, die jungen Menschen darin zu bestärken, daß das erste Gebot des Widerstandes das Überleben sein müsse. Der von Tag zu Tag geführte Kampf, mit den im Ghetto herrschenden Lebensbedingungen fertig zu werden, erfordere lebende Menschen und keine toten Helden.

„Dr. Rolf Bischofswerder war immer ein Optimist erster Klasse. Wenn er sich mit meinem Vater über Politik unterhielt, waren beide überzeugt, daß wir bestimmt mit dem Leben davonkommen würden, wenn wir uns nur richtig verhielten. Er versammelte die jungen Leute um sich und versuchte, ihnen zu erklären, wie sie sich zu verhalten hätten. Er sagte ihnen unumwunden die Wahrheit über Geschlechtskrankheiten und die Gefahr der Zwangssterilisation, der besonders die jungen Mädchen ausgesetzt seien. Mit Nachdruck ermahnte er uns, seine Ratschläge zu befolgen, um eines Tages die Freiheit wieder genießen zu können. Er erhoffte diese Freiheit auch für sich selbst und hatte keinen Zweifel daran, sie eines Tages wieder zu erlangen. Was er unter Widerstand verstand, war ganz einfach das Überleben. Dr. Bischofswerder wußte genau, daß man mit Gewalt gegen die SS überhaupt nichts ausrichten konnte. Als die lettische jüdische Polizei ermordet wurde, weil man im Ghetto Waffen gefunden hatte, war der Doktor sehr unglücklich und sagte, daß die Burschen dank ihrer Jugend und Kraft bestimmt überlebt hätten, und daß ihr Tod nicht nur eine Tragödie, sondern auch eine – wenn auch tapfere – Dummheit darstelle.

Wir jungen Mädel und Burschen hatten Vertrauen zu Dr. Bischofswerder. Es gab Zeiten, wo er uns sogar etwas wie Biologieunterricht gab oder zumindest unsere Gehirne zum Denken aufforderte. Mit seiner Frau verband ihn eine große Innigkeit.“

Überhaupt, so Gertrude Schneider, seien die tatsächlichen geistigen Führer des deutschen Ghettos keineswegs die Funktionäre der Ghettoverwaltung gewesen, sondern Männer und Frauen wie der Mathematiklehrer der Wiener Gruppe, Dr. Schwartz, Professor Lemberger, der den Lehrplan für die Schule der Wiener Gruppe entworfen habe, Elisabeth Bergmann, die Leiterin des Kindergartens, und eben Dr. Bischofswerder.[1]

[1] Briefliche Mitteilung von Frau Dr. Gertrude Schneider (USA) vom 2. 6. 1997 an den Verfasser

Während des Sommers 1942 trafen laufend weitere Transporte mit Juden aus dem Reich in Riga ein. Alle diese Menschen wurden aber sofort nach ihrer Ankunft auf dem Güterbahnhof „Shirotawa“ in den Wald von Bikernicki gebracht, wo sie erschossen wurden. Nur die Kleidung der Opfer – häufig blutbefleckt – gelangte anschließend ins Ghetto und mußte dort für die Spinnstoffsammlung sortiert und aufbereitet werden.
Zum Ausheben und Zuwerfen der Massengräber wurden Sonderkommandos gebildet. Jeweils 40 bis 50 junge Männer aus dem Ghetto wurden ausgesucht, im Zentralgefängnis von Riga kaserniert und von dort mit Lastwagen zum Hochwald gebracht. Abends fuhren sie zurück zum Gefängnis.

Massengrab mit ermordeten Juden im Wald von Bikernicki

Nach jeweils zwei bis drei Monaten wurden die Männer der Sonderkommandos erschossen und neue Kommandos zusammengestellt. Doch trotz aller Geheimhaltung verbreitete sich im Ghetto jedesmal wie ein Lauffeuer die Nachricht, wenn wieder ein Transport angekommen war, woher er stammte und wieviele Menschen erschossen worden waren.
So ging für Rolf und Ruth Bischofswerder das erste Jahr im Ghetto von Riga zu Ende. Ghettokommandant Krause wurde nach Polen versetzt. Sein Nachfolger wurde der aus der Steiermark stammende Jurist Eduard Roschmann, der seinen Vorgänger Krause an Grausamkeit noch übertraf und sich in kürzester Zeit den Titel „Schlächter von Riga" erwarb. In dem teilweise authentischen Roman „Die Akte Odessa" von Frederick Forsyth ist Roschmann ein grausiges Denkmal gesetzt worden.
Der zweite Winter brachte den Ghettobewohnern endlich einen Hoffnungsstrahl: Mit der Kapitulation der deutschen 6. Armee in Stalingrad am 2. Februar 1943 hatte sich erstmals gezeigt, daß die so lange als unbezwingbar erschienene Wehrmacht doch zu besiegen war. Aber würden die Menschen im Ghetto den endgültigen Sieg der Alliierten über ihre Unterdrücker noch erleben?
So gingen der Frühling und der Sommer des Jahres 1943 dahin. Die Lebensmittelversorgung wurde immer katastrophaler. Der neue Kommandant erstickte das Ghetto in einem Blutrausch, Erschießungen und Erhängungen waren an der Tagesordnung. Da, im Herbst des Jahres 1943, war plötzlich das alle Juden alarmierende Gerücht da: das Ghetto von Riga sollte aufgelöst werden.

5. Kapitel: Konzentrationslager Riga-Kaiserwald

Am 16. Mai 1943 war der Aufstand im Warschauer Ghetto nach insgesamt 28 Tagen niedergeschlagen worden. Die blutige Unterdrückung dieser Revolte hatte den Einsatz beträchtlicher Kräfte von SS, Polizei und Wehrmacht erforderlich gemacht und der SS-Führung eindringlich vor Augen geführt, daß das Zusammenleben so vieler verzweifelter Menschen in der relativen Eigenständigkeit eines Ghettos die permanente Gefahr schwer kalkulierbarer, kollektiver Widerstandsaktionen in sich barg. Die Führung der SS war daher bestrebt, alle noch bestehenden Ghettos so schnell wie möglich aufzulösen, wobei deren Bewohner – mit Ausnahme der arbeitsfähigen, die in geschlossene Lager zu überführen waren – getötet werden sollten. Entsprechend dieser neuen Ausrottungsstrategie befahl Himmler am 21. Juni 1943 für den Bereich der Stadt Riga:

> „1. Ich ordne an, daß alle im Gebiet Ostland noch in Ghettos vorhandenen Juden in Konzentrationslager zusammenzufassen sind.
> 2. Ich verbiete ab 1. 8. 1943 jedes Herausbringen von Juden aus den Konzentrationslagern zu Arbeiten.
> 3. In der Nähe von Riga ist ein Konzentrationslager zu errichten, in das die ganzen Bekleidungs- und Ausrüstungsfertigungen, die die Wehrmacht heute außerhalb hat, zu verlegen sind. Alle privaten Firmen sind auszuschalten. Die Betriebe werden reine Konzentrationslager-Betriebe. Der Chef des SS-Wirtschafts-Verwaltungshauptamtes wolle dafür sorgen, daß durch die Umorganisation keinerlei Rückgang in den für die Wehrmacht notwendigen Fertigungen eintritt.
> 4. Die nicht benötigten Angehörigen der jüdischen Ghettos sind nach dem Osten zu evakuieren.
> 5. Ein möglichst großer Teil der männlichen Juden ist in das Konzentrationslager im Ölschiefer-Gebiet zum Ölschiefer-Abbau zu verbringen.
> 6. Termin für die Umorganisation der Konzentrationslager ist der 1. 8. 1943.“[1]

Binnen so kurzer Frist, in der Nähe von Riga ein Konzentrationslager neu zu errichten, das die nach dem Inhalt des Himmler-Befehls erforderlichen Ausmaße gehabt hätte, erwies sich für die nachgeordneten Dienststellen als unmöglich. Um dem Wil-

[1] Zentrale Stelle Ludwigsburg, Sammlung Versch., Bd. 30, Nr. 244

len des Reichsführers SS jedoch zumindest formell zu entsprechen, griff man daher auf das in Riga bereits existierende Konzentrationslager „Kaiserwald“ zurück. Da dessen Aufnahmekapazität für die zu erwartende große Anzahl von Häftlingen jedoch bei weitem nicht ausreichte, erhielt das Konzentrationslager „Riga-Kaiserwald“ lediglich die Funktion eines Zentral- und Durchgangslagers.

Dementsprechend wurden nun alle arbeitsfähigen Juden aus dem Ghetto von Riga durch das Konzentrationslager „Riga-Kaiserwald“ geschleust, wo sie ihre im Ghetto getragenen Zivilkleider abgeben und Häftlingskleidung anlegen mußten, registriert wurden und eine Häftlingsnummer erhielten.

Nach Durchlaufen dieser Aufnahmeprozedur blieb die Masse der Häftlinge jedoch nicht im Zentrallager „Kaiserwald“, sondern wurde an den bisherigen Arbeitsstätten, wie „Armeebekleidungsamt Mühlgraben“, „Heereskraftfahrpark“ oder „A.E.G.“ kaserniert. Die Häftlinge wurden also nicht mehr täglich zu ihren Arbeitsstätten geführt, sondern wohnten von nun an auch dort. Die einzelnen Kasernierungen galten jetzt als „Außenlager“ des Zentrallagers „Riga-Kaiserwald“ und unterstanden damit – auch soweit es sich um Arbeitsstätten der Wehrmacht oder von Privatfirmen handelte – der unmittelbaren Kontrolle und Befehlsgewalt der SS.

Das so wienerisch-gemütlich klingende Konzentrationslager „Kaiserwald“ war im März 1943 in dem Rigaer Vorort „Mezapark“, einer vornehmen Villengegend der Stadt, errichtet worden. Aus etwa zehn Baracken bestehend, diente Kaiserwald vor der Aufnahme der jüdischen Häftlinge zunächst als Arbeitslager für politische und kriminelle Häftlinge aus Deutschland, Polen und der Sowjetunion. Die Angehörigen des deutschen Lagerpersonals und die ersten Häftlinge in Kaiserwald kamen aus dem Konzentrationslager Sachsenhausen. Kommandant des Lagers Kaiserwald war SS-Obersturmbannführer Albert Sauer. Unterstützt von den SS-Männern seines Gefolges, aber auch von Berufsverbrechern, die als Funktionshäftlinge, sogenannten „Kapos“, eingesetzt waren, installierte Sauer in Kaiserwald ein Schreckensregiment, dessen Kunde bald auch das Ghetto von Riga erreichte. Als dort die ersten Gerüchte von der bevorstehenden Auflösung des Ghettos die Runde machten, hatte jeder nur den einen Wunsch, bloß nicht nach Kaiserwald geschickt zu werden.

Am 1. November 1943, einem trüben, eiskalten Tag, begann die von den Juden seit langem befürchtete Auflösung des Ghettos. Während die lettischen Juden, mit Säcken und Beuteln bepackt, das Ghetto verließen, kam der Befehl, daß alle deutschen Juden um 10.00 Uhr morgens auf dem „Blechplatz“ anzutreten hätten, sämtliche Kinder bis zu zwölf Jahren bereits um 7.45 Uhr.

„Gymnich trug einen langen, dünnen Eisenstab, der aussah wie ein Spieß. Mit dem stach er prüfend in die Säcke und Beutel der lettischen Juden, die das Ghetto verließen. Plötzlich sahen wir mit Entsetzen, wie er in einen Rucksack stach, den ein Mann auf dem Rücken trug. Ein Strahl Blut quoll hervor, der Rucksack wurde auf die Straße gezerrt, aufgemacht und ein kleines Mädchen von etwa drei Jahren herausgezogen. Die Kleine war mit Schlaftabletten betäubt, der Mann hatte geglaubt, sie so zwischen Holzscheiten aus dem Ghetto bringen zu können. R. zog seinen Revolver und erschoß den Mann und das Kind auf der Stelle. Wir wußten nun, was sich anbahnte: eine große Aktion."[1]

Jeanette Wolff wird den panischen Schrecken nie vergessen, der die Mütter im Ghetto ergriff, als sie die Nachricht erhielten, daß sie ihre kleinen Kinder hergeben sollten: „Auch ich hatte ein kleines, goldblondes, entzückendes Mädel angenommen als es 16 Monate alt war. Der Vater des Kindes war in Salaspils gestorben, und die Mutter hatte den Verstand verloren. Es war gerade im Oktober drei Jahre alt geworden. Ich selbst mußte das aufgeweckte Kind zum Blechplatz bringen, dem Ort, von dem das Blut des 10. Oktober noch nicht weggewaschen war. Mit seinem Täschchen in der Hand ging es totenbleich neben mir her und sagte immer: „Mutti, du gehst doch mit?" Das Herz blutete mir, wußten wir doch, was den Kindern blühte.

Inzwischen war der Blechplatz schon voller Kinder, die alle wußten, daß sie einem schrecklichen Schicksal entgegengingen. Mütter und Großmütter flehten die SS an, die Kinder begleiten zu dürfen, und soweit es sich nicht um Facharbeiterinnen handelte, wurde den leiblichen Müttern gestattet, mitzugehen."[2]

Als nach 10.00 Uhr auch die erwachsenen Ghettobewohner vollzählig auf dem Blechplatz angetreten waren, fuhr eine Kolonne offener Lastwagen vor, und die Selektion begann. Einer nach dem anderen mußten die Menschen durch eine kleine Pforte zwischen der Kölner und der Prager Straße gehen. Die als nichtarbeitsfähig Ausgesuchten wurden gezwungen, die Lastwagen zu besteigen.

Dann wurde das Hauptlazarett geräumt. Rolf und Ruth Bischofswerder mußten hilflos mitansehen, wie die Schwerkranken, von denen manche vor Schmerzen wie Tiere brüllten, mit Bahren auf die Lastwagen geschoben wurden.

Gegen Mittag brachte die SS die Opfer der Selektion mit den Lastwagen zum Güterbahnhof Shirotawa. Von dort aus wurden sie bei eisiger Kälte in Viehwaggons, die nicht einmal mit Stroh ausgelegt waren, mit zunächst unbekanntem Ziel abtransportiert.

Es wird geschätzt, daß der Aktion vom 1. November 1943 zwischen 2500 und 4000 Menschen zum Opfer gefallen sind. Ein Teil dieses Transports ist offensichtlich nach Auschwitz gegangen, denn in dem Kalendarium des Vernichtungslagers Auschwitz heißt es unter dem Datum vom 5. November 1943: „Mit einem Transport des RSHA sind 1000 Juden aus dem Lager in Riga eingetroffen. Nach der Selektion werden 120 Männer, die die Nummern 160702 bis 160821 erhalten, und 30 Frauen, die mit den Nummern 66659 bis 66688 gekennzeichnet werden, als Häftlinge ins Lager eingewiesen. Die übrigen 850 Männer und Frauen werden in den Gaskammern getötet."[3]

1 Sherman-Zander: Zwischen Tag und Dunkel, S. 85 f.
2 Wolff: Mit Bibel und Bebel, S. 43
3 Czech: Kalendarium Auschwitz, S. 645

Die als „arbeitsfähig“ ausgewählten Männer und Frauen sowie einige Kinder, die, von ihren Eltern versteckt, der Selektion entgangen waren, wurden in geschlossenen Marschkolonnen quer durch die Stadt zum Konzentrationslager Kaiserwald geführt. Zum Empfang der Neuankömmlinge aus dem Ghetto standen SS-Männer und „arische“ Häftlinge bereit, die, anders als die übrigen Gefangenen, gestreifte Anzüge trugen und daher allgemein „Zebras“ genannt wurden. Um sich der SS gefällig zu zeigen, bedachten die „Zebras“ die jüdischen Ankömmlinge wegen jeder Kleinigkeit mit einer Backpfeife.
Nach der Registrierung, bei der jeder eine Kartothekkarte erhielt, wurden die neuen Häftlinge gründlich nach etwaigen Wertsachen und verbotenen Gegenständen durchsucht. Anschließend ging es zur „Entlausung“ ins Bad. Unter ständigen Schlägen der SS-Männer und Funktionshäftlinge wurden die Ankömmlinge durch die Duschräume gejagt, Männern und Frauen wurden die Haare geschoren, bevor man ihnen schließlich die zerlumpte Häftlingskleidung vor die Füße warf.
Erst danach wurden die Neuankömmlinge in die Unterkünfte getrieben, große Wohnbaracken mit bis zu dreifach übereinander gestellten Schlafpritschen. Hier, im Konzentrationslager Kaiserwald, wurden Rolf und Ruth Bischofswerder erstmals seit ihrer Ankunft in Riga voneinander getrennt, denn das Männerlager war durch einen doppelten Stacheldrahtzaun hermetisch vom Frauenlager abgeriegelt.
Doch dem Ehepaar Bischofswerder blieb es erspart, auch noch das Lager Kaiserwald mit seinen stundenlangen Appellen, dem Hunger und der ständigen Bedrohung mit willkürlichen Morden für längere Zeit durchleiden zu müssen. Wie die weitaus meisten Juden aus dem nun aufgelösten Ghetto von Riga, mußten Rolf und Ruth Bischofswerder nämlich nur die Aufnahmeprozedur des Zentrallagers Kaiserwald durchlaufen und kamen anschließend in eine der dem Konzentrationslager Kaiserwald unterstellten Kasernierungen.
War es schon ein großes Glück, daß sie zusammen in dieselbe Kasernierung kamen, so hatten Rolf und Ruth Bischofswerder noch größeres Glück, daß sie gerade der Kasernierung „Meteor“ zugewiesen wurden. Dort sollten sie nämlich weitaus bessere Lebensbedingungen antreffen, als dies in den meisten anderen Kasernierungen der Fall war.
Die ehemalige „Gummiwarenfabrik Meteor“ und jetzige „Kasernierung Meteor“ war ein Rüstungsbetrieb, der im Auftrag der Wehrmacht hauptsächlich Schlauchboote reparierte. Zum Produktionsprogramm des Betriebes gehörte aber auch die Anfertigung von Holzschuhen. Nach der Auflösung des Ghettos von Riga wurden in „Meteor“ etwa 200 jüdische Zwangsarbeiter beschäftigt, Männer und Frauen, die zwar nach Geschlechtern getrennt untergebracht waren, tagsüber jedoch zusammensein konnten und auch gemeinsam arbeiteten. Anfangs lebten sogar noch einige kleinere Kinder mit ihren Eltern in „Meteor“.
Die Zwangsarbeiter von „Meteor“ wohnten nicht in Baracken, sondern in festen Gebäuden, in denen doppelstöckige Pritschen aufgestellt waren. Die Unterkünfte

waren sauber und wurden sogar beheizt, was für Kasernierungen, in denen jüdische Zwangsarbeiter gefangengehalten wurden, ganz ungewöhnlich war. Die Juden in „Meteor" erhielten auch ausreichende Verpflegung. Einer von ihnen, der als Koch eingesetzt war, bereitete die Mahlzeiten zu.[1]

Daß die Lebensbedingungen für die jüdischen Zwangsarbeiter in „Meteor" weitaus besser waren als in anderen Kasernierungen, lag zum einen daran, daß es sich um einen Betrieb handelte, der für die Wehrmacht arbeitete. Vor allem hatten die dort untergebrachten Juden ihre bessere Behandlung aber der Persönlichkeit des Direktors von „Meteor", Wilhelm Vogel, zu verdanken.

Der aus Lüdenscheid im Sauerland stammende Direktor Vogel sah in seinen jüdischen Zwangsarbeitern entgegen der vom „Dritten Reich" propagierten Rassenideologie – leidende „Menschen" und war bestrebt, ihr Los nach Möglichkeit zu erleichtern. Vogel mußte sich allerdings hüten, bei der SS, der die Oberaufsicht über die Kasernierung „Meteor" oblag, als „Judenfreund" aufzufallen, weshalb auch seinen hilfreichen Bemühungen Grenzen gesetzt waren.

Die heute in Rockville (USA) lebende Susanne Taube war in „Meteor" zusammen mit Rolf Bischofswerder in derselben Abteilung eingesetzt: „Der Doktor und ich arbeiteten am selben Platz, ich strich Schlauchboote mit Farbe an, und seine Arbeit bestand darin, das Tau um die Boote herumzulegen und es an ihnen zu befestigen. Während der Arbeit sprachen wir nicht viel Persönliches miteinander. Ich war ja damals erst 17 Jahre alt, und er, schon ein erwachsener Mann, hatte wohl kein großes Interesse daran, seine Gedanken mit einem so jungen Mädchen auszutauschen."[2]

Juden, die nach der Auflösung des Rigaer Ghettos in andere Kasernierungen gebracht worden waren, trafen dort zumeist weit schlechtere Bedingungen an als Rolf und Ruth Bischofswerder in „Meteor". Die Kölnerin Lore M., die zusammen mit ihrer Mutter der Kasernierung „A.E.G." zugeteilt worden war, berichtet über die dort herrschenden Zustände:

„Die A.E.G. in Kaiserwald war etwas ganz Schlimmes. Wissen Sie, wenn ich heute diese drei Buchstaben sehe, dann kriege ich noch eine Gänsehaut. Die A.E.G. hatte in Kaiserwald eine große Fabrik mit Baracken, in denen wir mit etwa 500 Frauen in drei-, vierstöckigen Betten schliefen. Morgens früh mußten wir raus zum Arbeiten. Wir machten Spulen. Spulen aus dicken Seidenfäden, die aufgerollt wurden. Das sei für Flugzeuge und Radios, so hieß es damals.

Wir wurden von der A.E.G. auch verpflegt; unser Essen wurde in einer sogenannten Küche extra gekocht. Die A.E.G.-Arbeiter hatten natürlich eine Kantine. Ich erinnere mich, daß die Sprecherin unserer Gruppe einmal bei der Kantine anfragte, ob wir die Reste von dort bekommen könnten. Ich sehe den Leiter von der Kantine noch vor mir, ein großer Blonder, der sagte, er gäbe das Essen eher den Schweinen als den Juden.

[1] Briefliche Mitteilung von Frau Margit Oppenheimer (USA) vom 11.10.1996 an den Verfasser
[2] Briefliche Mitteilung von Frau Susanne Taube (USA) vom 20.11.1996 an den Verfasser

Bewacht wurden wir von ein paar SS-Leuten und Blitzmädchen, die ihre Zimmer in einem kleinen Haus in der Nähe hatten. Dort wurde, auf deutsch gesagt, nur gesoffen und gefressen. Zwischendurch kamen sie manchmal auf die Idee, uns abends herauszuholen und zum Appell antreten zu lassen. Da standen wir manchmal von sieben Uhr abends bis elf, zwölf Uhr nachts. Dann kamen sie heraus, total betrunken und ließen uns endlich wieder in die Baracken gehen. Oder wir mußten morgens um vier Uhr heraus zum Appell und konnten bis sechs, sieben Uhr draußen herumstehen. Das war manchmal sehr schlimm. In Riga war es kalt, da ist eine andere Kälte als hier. Ich habe mir dort meine Nase erfroren."[1]

Mit ausdrücklicher Erlaubnis des Meteor-Direktors Vogel durfte Rolf Bischofswerder seine eigentliche Arbeit an den Schlauchbooten täglich für zwei Stunden unterbrechen. Er zog dann seinen weißen Kittel an und verwandelte sich in den Lagerarzt. Patienten gab es in „Meteor" genug, doch fehlte es fast völlig an Medikamenten. Erst als in mehreren Kasernierungen der Umgebung Typhusepidemien unter den Häftlingen ausbrachen, stellte die Wehrmacht dem Häftlingsarzt Dr. Bischofswerder das erforderliche Serum zur Verfügung, damit die Gefangenen in „Meteor" geimpft werden konnten. Ein wahrhaft außergewöhnlicher Vorgang, denn Juden hatten normalerweise natürlich keinen Anspruch auf irgendwelche Medikamente. Es darf angenommen werden, daß weniger die Sorge um das Leben der Häftlinge als die Furcht, auch Wehrmachtsangehörige könnten sich in „Meteor" mit Typhus infizieren, den verantwortlichen Offizier der Wehrmacht zu diesem außergewöhnlichen Schritt bewogen hat.

Wie auch immer. Dr. Bischofswerder konnte nun jedenfalls, unterstützt von seiner Frau Ruth, seinen Mithäftlingen die vorbeugenden Injektionen verabreichen. Hannelore Marx, eine der Frauen, die damals diese Schutzimpfung erhielten, ist überzeugt, dadurch auch während ihrer späteren Gefangenschaft im Konzentrationslager Stutthof vor einer Typhusinfektion bewahrt worden zu sein.

Auch die Jüdin Gerda Steinberg aus Duisburg verdankt ihr Überleben der aufopfernden Pflege durch Rolf und Ruth Bischofswerder sowie der Bereitschaft des Direktors Vogel, sich zugunsten eines jüdischen Häftlings über bestehende Vorschriften der SS hinwegzusetzen: Gerda Steinberg war an Gehirnhautentzündung erkrankt, einer Infektionskrankheit, die nach den für alle Kasernierungen geltenden Vorschriften sofort der SS zu melden war. Für Gerda Steinberg hätte dies den sofortigen Tod durch Erschießen bedeutet. Doch trotz der von Dr. Bischofswerder gestellten Diagnose „Meningitis" unterließ Direktor Vogel die vorgeschriebene Meldung an die SS.

Stattdessen ordnete Vogel an, die Patientin in einem separaten Krankenzimmer streng zu isolieren. Er stellte die Krankenschwester Ruth Bischofswerder von all ihrer sonstigen Arbeit frei und trug ihr auf, rund um die Uhr bei der Patientin zu bleiben. Direktor Vogel beschaffte außerdem das Medikament „Prontosil", das der jüdischen

[1] Becker-Jakli: Ich habe Köln doch so geliebt, S. 116

Patientin anschließend – selbstverständlich entgegen den Vorschriften der SS – verabreicht werden konnte. Vier lange Wochen blieb Ruth Bischofswerder ununterbrochen bei ihrer Patientin und pflegte sie aufopfernd. Dann hatte Gerda Steinberg die schwere Erkrankung überstanden und konnte an ihren Arbeitsplatz bei den Schlauchbooten zurückkehren.[1]

Gelungene Rettungsaktionen wie diese, mit denen sie der SS ein Menschenleben abtrotzten, gaben Rolf und Ruth Bischofswerder Kraft zum Weiterleben. Es gab nicht viel, worüber man sich als Häftling in „Meteor“ freuen konnte. Am ehesten konnte man sich vielleicht noch an den Kindern erfreuen, die es jetzt, im Frühling des Jahres 1944, in den Kasernierungen von Riga noch gab, an ihrem Kinderlachen trotz Hunger und Angst, an ihrem selbstvergessenen Spiel in der Enge der Fabrikhöfe und Wohnbaracken, an ihren kindlich-unschuldigen Aussprüchen, wie etwa denen des siebenjährigen Joseph Schulz aus Köln, der zu Hilde Zander eines Tages gesagt hatte: „Weißt du, ich habe dich lieb. Weil du so schöne Zähne hast, aber groß wie bei einem Pferd sind sie.“

Es gab nicht mehr viele jüdische Kinder in den Kasernierungen von Riga. Nur ganz wenige waren – von ihren Eltern immer wieder rechtzeitig versteckt – den zahlreichen Selektionen, die bisher schon stattgefunden hatten, entgangen. Jetzt, als sich im Frühjahr des Jahres 1944 das Kriegsglück immer mehr gegen die Deutschen wandte, konnte es die SS-Führung nicht mehr ertragen, die letzten jüdischen Kinder, diese „unnützen Esser“, weiterleben zu lassen.

In „Meteor“, wie in allen Kasernierungen im Bereich der Stadt Riga, erschienen Kommandos der SS, um die Kinder abzuholen. Dieses Mal ließ sich die SS nicht überlisten und rückte erst wieder ab, als ihr sämtliche Kinder ausgeliefert worden waren.

In der Kasernierung „Armeebekleidungsamt Mühlgraben“ traf es 16 Kinder, unter ihnen war auch der siebenjährige Joseph Schulz aus Köln. Sein Vater, Herbert Schulz, der im Ghetto Leiter des jüdischen Arbeitseinsatzes gewesen war, hat dazu im Oktober 1971 die folgende Zeugenaussage gemacht: „Am 21. April 1944 wurde mir mitgeteilt, daß alle kleineren Kinder am folgenden Tag abgeholt werden würden. Ich hatte die Aufgabe, die Kinder zum Abtransport bereitzustellen. Dies war auch Aufgabe der jüdischen Polizei. Am nächsten Morgen, etwa gegen 8.00 Uhr, kam ein LKW aus dem Konzentrationslager Kaiserwald. In ihm befand sich außer dem Fahrer nur noch der SS-Hauptscharführer Brünner aus Herne. Er war von Beruf Metzger. Auf der Ladefläche des LKW befanden sich bereits Kinder aus anderen Kasernierungen. Ich selbst wurde gezwungen, meine Kinder, Joseph, sieben Jahre, und Max, drei Jahre, auf den Wagen zu heben .“[2]

[1] Briefliche Mitteilung von Frau Gerda Lehmann, geborene Steinberg (USA) vom 20. 1. 1997 an den Verfasser

[2] Aussage des Zeugen Herbert Schulz vom 12. 10. 1971 im Ermittlungsverfahren 130 Js 2/78 Z – Staatsanwaltschaft Köln

Gerda Gottschalk aus Leipzig erlebte die „Kinderaktion“ in der Kasernierung „Straßdenhof“ mit: „Eines Morgens hatte der Unterscharführer die stets am Ende der langen Appellreihe stehenden Kinder durch eine Bewegung seines Armes abgeteilt und mit den Worten: „Kommt mal mit, meine lieben Kinder!“ in den Heizraum treten lassen. Die Türen wurden sofort verriegelt und von Posten mit aufgepflanzten Bajonetten besetzt. Die Mütter, die sich der Türe nähern wollten, stießen die SS-Männer mit Kolben zurück. Wir sollten wie gewöhnlich unsere Arbeit aufnehmen, aber die Mütter gaben keine Ruhe. Als man ihnen den Ausgang aus dem Saal des Gewerbebetriebes verwehrte, schlugen sie die Fensterscheiben ein und wollten sich hinunterstürzen. Unten standen bereits mehrere Lastkraftwagen, um die Kinder abzuholen. D. hielt eine große Rede, er versicherte, die Kinder kämen zur Erholung in ein Kinderlager, aber niemand glaubte ihm, jeder wußte, dieses Lager war unter der Erde. ... Dann haben sie 81 Kinder blitzschnell auf die Autos geworfen, die Planen dichtgemacht und sind weggefahren.“[1]

Die Mütter in der Kasernierung „Heereskraftfahrpark“ wählten für ihre Kinder einen anderen Weg. Als auch dort die SS erschien, um die Kinder abzuholen, gaben sie ihren Kindern Gift. Sie selbst trugen ihre sterbenden und toten Kinder zu dem Lastauto, alle sieben Kinder aus „H.K.P.“[2]

Die SS machte sich nicht einmal die Mühe, die Kinder, die sie ihren Müttern im „Armeebekleidungsamt“ und anderen Kasernierungen geraubt hatte, zu erschießen und ihnen dadurch wenigstens ein „schnelles Ende“ zu bereiten. „Alle Kinder, 64 insgesamt, wurden in den Kaiserwald gebracht und dort in einen Viehwaggon gesperrt; dieser Waggon wurde auf ein totes Gleis geschoben und in der Gluthitze stehen gelassen. Erst hörte man die Kinder schreien, Tag und Nacht. Drei Tage und drei Nächte lang. Dann wurde es allmählich still. Am neunten Tag wurde der Waggon geöffnet. Sch. sagte, es wäre grauenhaft gewesen. Lange Würmer krochen herum, aufrecht wie Schlangen. Er würde das nie vergessen, nicht in diesem Leben und nicht im Jenseits.“[3]

So ging der Frühling des Jahres 1944 zu Ende. Die Gerüchte, daß die deutschen Truppen überall an der Ostfront auf dem Rückzug seien, gaben Rolf und Ruth Bischofswerder Hoffnung, vielleicht doch bald befreit zu werden und zu überleben. Während der folgenden Wochen fielen zahllose Häftlinge den Selektionen zum Opfer, die unter Leitung des SS-Arztes Dr. Eduard Krebsbach in den Kasernierungen von Riga vorgenommen wurden. Bei einer Selektion in der Kasernierung „Straßdenhof“ wurden willkürlich alle Häftlinge, die älter als 30 Jahre waren, zur Vernichtung ausgesondert. Selbst ein so junger Mann wie Rolf Bischofswerder wäre im Sommer des Jahres 1944 schon zu „alt“ gewesen, um eine unter dieser Prämisse durchgeführte Selektion über-

[1] Gottschalk: Der letzte Weg, S. 76
[2] Sherman-Zander: Zwischen Tag und Dunkel S. 97
[3] Sherman-Zander: Zwischen Tag und Dunkel S. 98

leben zu können. Doch in der Kasernierung „Meteor“ fand eine derartig radikale Selektion – vielleicht dank einer Intervention des Dirktors Vogel – nicht statt.
Auch in „Meteor“ mußte sich allerdings jeder Häftling hüten, bei den regelmäßigen Inspektionen der SS in irgendeiner Weise aufzufallen. Die meisten Lagerinsassen, die sich angeblich oder tatsächlich etwas zuschulden kommen ließen, wurden von der SS auf sogenannte „Stützpunktkommandos“ verschickt, da man die Arbeitskraft der Häftlinge noch ausnutzen wollte, ehe sie umgebracht wurden. Es handelte sich dabei um Aufräumungsarbeiten in Frontnähe oder um Minensuche, Himmelfahrtskommandos, von denen niemals ein Häftling zurückkehrte.[1] Auch das Schicksal von Rolf Bischofswerder sollte sich in einem der „Stützpunktkommandos“ erfüllen.

[1] Zu den „Stützpunktkommandos“ im System des KL Kaiserwald vgl. Wolff: Mit Bibel und Bebel, S. 40, und Kaufmann: Die Vernichtung der Juden Lettlands, S. 226

6. Kapitel: Flucht und Tod

Im Juni des Jahres 1944 stießen die Angriffsspitzen der Roten Armee bis an die Grenze Lettlands vor. Daß die Russen auf dem Vormarsch waren und im Westen die lange erwartete Invasion alliierter Truppen stattgefunden hatte, diese Nachrichten hatten sich in Windeseile auch bei den jüdischen Gefangenen in Riga verbreitet. Jetzt sahen sie, wenn sie durch die Stacheldrahtzäune der Zwangsarbeitslager schauten, mit eigenen Augen die zurückflutenden deutschen Truppen. Staubbedeckte, erschöpfte und sichtlich demoralisierte Soldaten zogen mit ihren Geschützen und Troßfahrzeugen nach Westen. Das war nicht mehr die Wehrmacht, die drei Jahre zuvor gut ausgerüstet und siegesgewiß zum Sturm auf das Sowjetreich angetreten war. Jetzt führten die versprengten und zerschlagenen Einheiten nur noch wenige schwere Waffen mit sich und an die Stelle der motorisierten Kolonnen waren Fuhrwerke getreten, die häufig nur noch mit einem einzigen Pferd bespannt waren. Angesichts solcher Bilder keimte bei den jüdischen Häftlingen in Riga die Hoffnung auf baldige Befreiung, auf ein Ende ihrer Leidenszeit, auf.

Aber dicht neben dieser aufkommenden Hoffnung stand die Angst: Was würde mit ihnen, den Häftlingen, geschehen, wenn sich die Russen tatsächlich Riga nähern sollten? – Würde man sie, so dicht vor der Befreiung, erneut verschleppen, dieses Mal nach Westen in neue Lager? – Oder würden die Deutschen ihre furchtbare Drohung, die sie so oft ausgesprochen hatten, tatsächlich wahrmachen und sie alle im letzten Augenblick umbringen? – Nicht nur die SS-Männer, sondern auch die zunehmend schlechter gelaunten Soldaten der Wehrmacht, denen die Hoffnungen der Häftlinge auf die militärische Niederlage der Deutschen nicht verborgen blieben, sagten den jüdischen Gefangenen immer öfter ins Gesicht: „Macht euch nur ja keine falschen Hoffnungen. Fünf Minuten vor zwölf legen wir euch alle um.“[1]

Unter dem Eindruck dieses Wechselspiels aufkeimender Hoffnungen und panischer Todesangst kam es unter den Häftlingen im Zentrallager Kaiserwald und den angeschlossenen Kasernierungen zu erregten Diskussionen darüber, was nun zu tun sei. Sollte man die ersten Auflösungserscheinungen unter den Bewachern zur Flucht nutzen oder bis zum letzten Augenblick im Lager ausharren und erst ummittelbar vor dem vermutlich letzten Appell versuchen, sich irgendwo auf dem Lagergelände zu verstecken, um so dem Abtransport oder der Vernichtung an Ort und Stelle zu entgehen? – Oder sollte man weiter einfach auf sein Glück vertrauen – schließlich hatte man bisher noch alle Selektionen und Verschickungsaktionen überlebt – und sich von der SS vor den heranrückenden Russen nach Westen evakuieren lassen? – Zu dieser Ansicht neigte die Mehrzahl der Gefangenen, die, in jahrelanger Haft apathisch geworden und durch ständige Unterernährung geschwächt, gar nicht mehr die Kraft

[1] Sherman-Zander: Zwischen Tag und Dunkel, S. 101

aufbrachte, sich zu einem Fluchtversuch aufzuraffen. War es nicht tatsächlich möglich, daß im Westen Lager mit besseren Lebensbedingungen auf sie warteten? – Sehr lange konnte der Krieg ja nun nicht mehr dauern. Und wer konnte wirklich sicher sagen, welche Entscheidung sich am Ende als die richtige erweisen würde? Nur eines war allen Gefangenen klar. Daß die Antwort auf die Frage „bleiben oder zu fliehen versuchen" einem Lotteriespiel gleichen würde.

Natürlich gab es auch in der Kasernierung „Meteor" solche Diskussionen unter den Gefangenen und ebenso selbstverständlich war es, daß das Wort von Dr. Rolf Bischofswerder dabei besonderes Gewicht hatte. Er war ja nicht nur der Lagerarzt, sondern auch die unumstrittene Führungspersönlichkeit unter den Gefangenen.

Grundsätzlich stellten sich einer Flucht aus der Kasernierung „Meteor" keine unüberwindlichen Schwierigkeiten entgegen. Die unter der Leitung der Wehrmacht stehende Gummiwarenfabrik „Meteor" war im Gegensatz zu den meisten Zwangsarbeitslagern in Riga gegen Fluchtversuche nicht besonders gesichert. Hier gab es keine Stacheldrahtumzäunung oder Wachtürme mit Maschinengewehren. Nur eine Steinmauer, die verhälnismäßig leicht zu übersteigen war, umgab das Fabrikgelände. Und es gab für die Häftlinge in „Meteor" nicht einmal eine eigene Bewachungsmannschaft. Ein einziger Unterscharführer der SS überwachte ihre Arbeit innerhalb der Fabrik. Der Ein- und Ausgang wurde von einem lettischen Angestellten, der in einem kleinen Häuschen neben dem Fabriktor hauste, kontrolliert.[1]

Was die Gefangenen der Kasernierung „Meteor" bisher gehindert hatte zu fliehen, waren Überlegungen ganz anderer Art: Da eine kollektive Flucht naturgemäß unmöglich war, vielmehr nur für einzelne Gefangene in Betracht kam, mußte die Mehrzahl der Häftlinge zwangsläufig im Lager zurückbleiben. Für einen Teil der Zurückbleibenden würde dies den Tod bedeuten, denn nach den bisher geltenden Lagergesetzen pflegte die SS nach gelungenen Fluchtversuchen für jeden Entflohenen mehrere Gefangene zu erschießen. Allenfalls in dem zu erwartenden Chaos der Lagerauflösung konnte man hoffen, daß der SS nicht mehr die Zeit bleiben würde, auf die Flucht von Häftlingen mit Geiselerschießungen zu reagieren.

Ebenso ernst zu nehmen wie die Furcht vor Repressalien der SS gegenüber den zurückbleibenden Kameraden hatten Gefangene, die eine Flucht aus dem Lager erwogen, eine weitere Überlegung: Wie konnten sie nach gelungener Flucht bis zur endgültigen Befreiung Rigas durch die Rote Armee außerhalb des Lagers überleben? – Die jüdischen Häftlinge in „Meteor" besaßen weder Geld noch Wertsachen, um Lebensmittel oder einen Unterschlupf zu bezahlen. Sie besaßen keine Zivilkleider, und beherrschten die lettische Landessprache nicht, so daß sie kaum eine Chance hatten, sich unauffällig unter die Zivilbevölkerung zu mischen. Außerhalb des Lagers würden sie außerdem auf die ganz überwiegend extrem antisemitisch eingestellte

[1] Briefliche Mitteilung von Frau Hannelore Marx (USA) vom 3.3.1997 an den Verfasser

Bevölkerung Lettlands treffen. Entflohene Juden mußten damit rechnen, von jedem Letten entweder totgeschlagen oder den Deutschen übergeben zu werden. Und dies galt nicht nur für die lettische Zivilbevölkerung und die lettischen faschistischen Milizen, sondern sogar für die lettischen Partisanenverbände, die im Kampf gegen die deutschen Besatzer aus den Wäldern der Umgebung Rigas heraus operierten.
Eine reale Chance als Jude außerhalb des Lagers zu überleben, eröffnete sich für die Gefangenen im Lager „Meteor" erst, als sich die Rote Armee Ende September des Jahres 1944 bereits so weit Riga genähert hatte, daß die Häftlinge den Geschützdonner der Front erstmals als dumpfes Grollen in der Ferne vernahmen. Jetzt konnte es nach menschlichem Ermessen nur noch Tage oder im Höchstfalle wenige Wochen dauern, bis die Befreier endlich da sein würden. Nun bestand zum ersten Mal die Aussicht, sich zu den russischern Linien durchschlagen oder für die kurze Zeitspanne bis zur Befreiung Rigas verstecken zu können.
Spätestens jetzt entschlossen sich im Lager „Meteor" mehrere Häftlinge, sich dem Abtransport nach dem Westen zu widersetzen und sich bei Beginn der Evakuierungsaktion auf dem Lagergelände zu verstecken. Unter ihnen waren Dr. Rolf Bischofswerder und seine Frau Ruth, deren Freundin, die Wienerin Lotte Stern, die ebenfalls aus Wien stammende Kolonnenführerin Regina Schwarz, und mehrere andere. Lotte Stern, die ihre Schlafstelle neben Margrit Oppenheimer hatte, versuchte auch sie zur Flucht zu überreden. Doch Margrit Oppenheimer konnte sich dazu nicht entschließen, sie wagte es nicht.[1]
Daß Lotte Stern überhaupt nach Riga deportiert worden war, dazu hätte es gar nicht kommen müssen: Lotte Stern hieß eigentlich Lotte Adler. Ihre leibliche Mutter war bei ihrer Geburt gestorben, und das Ehepaar Stern hatte sie adoptiert. Kurz vor der Deportation meldete sich zum erstenmal ihr Vater. Er lebte in der Schweiz und war bereit, sie zu sich zu nehmen. Doch Lotte Stern verzichtete darauf, ihren Vater kennenzulernen und in die Schweiz zu emigrieren. Freiwillig ging sie mit den Sterns, die für sie ihre Eltern waren, in das Ghetto von Riga.
Wenige Tage nach dem Entschluß zur Flucht, der Abend war schon angebrochen und die Häftlinge hatten ihre Arbeit beendet, fuhren plötzlich Lastwagen der SS auf das Fabrikgelände. Die Evakuierung der Kasernierung „Meteor" begann.
Seit Tagen hatten sich die Gefangenen vor diesem Augenblick gefürchtet und auf das Auftauchen der SS-Männer in ihrem Lager gewartet. Dennoch wurden sie von dem Beginn der Evakuierungsaktion an diesem Abend völlig überrascht.[2] Während die SS-Männer das Fabrikgelände umstellten und ihre Befehle zum Antreten der Häftlinge auf dem Appellplatz brüllten, nutzten Rolf und Ruth Bischofswerder, Lotte Stern, Regina Schwarz und einige weitere Häftlinge die entstandene Verwirrung, um sich innerhalb des Fabrikgeländes zu verstecken.

[1] Briefliche Mitteilung von Frau Margrit Oppenheimer (USA) vom 1.10.1996 an den Verfasser
[2] Briefliche Mitteilung von Frau Hannelore Marx (USA) vom 28.10.1996 an den Verfasser

Ob es ein spontaner Entschluß war oder ob sie gerade dieses Versteck schon vorher ausgekundschaftet hatten, ist nicht bekannt. Jedenfalls kletterten Rolf und Ruth Bischofswerder und Lotte Stern auf das Dach der Fabrikhalle und verbargen sich dort. Die drei werden sich darüber im klaren gewesen sein, daß dieses Versteck keineswegs sicher war und sie bei einer sorgfältigen Durchsuchung des Lagergeländes aufgespürt werden mußten. Möglicherweise vertrauten sie darauf, die SS werde angesichts der immer näher rückenden Front die Gefangenen in größter Hast abtransportieren, ohne zuvor die Anwesenheit aller Gefangenen durch den sonst üblichen Zählappell zu überprüfen. Es sollte sich als verhängnisvoll für die Entflohenen erweisen, daß die SS trotz der Hektik der überstürzten Lagerauflösung auf dieses Ritual auch jetzt nicht verzichtete.
Als die Namen der auf dem Appellplatz angetretenen Häftlinge der Reihe nach verlesen wurden, fiel das Fehlen der Entflohenen natürlich auf. Sofort schwärmten Suchtrupps aus, die das gesamte Lagergelände bis in den letzten Winkel hinein durchstöberten. Die Suche blieb zunächst erfolglos und ließ die Männer immer wütender und nervöser werden.
Währenddessen standen die auf dem Appellplatz angetretenen Gefangenen mehrere Stunden lang schweigend und ohne sich regen zu dürfen vor den drohend auf sie gerichteten Gewehrläufen ihrer Bewacher. Würde man ihren „Doktor" und die mit ihm Geflohenen finden? – Das war die Frage, die sie alle bewegte. Aber noch näher stand den Menschen auf dem Appellplatz die Sorge um ihr eigenes Schicksal: Würden sie nun, hier auf dem Appellplatz von „Meteor", wirklich alle zusammengeschossen werden oder würde man sie doch in Richtung Westen abtransportieren?
Regina Schwarz und die mit ihr geflohenen Gefangenen hatten Glück. Sie wurden nicht gefunden und erlebten einige Tage später ihre Befreiung durch die Soldaten der Roten Armee.[1] Doch Rolf Bischofswerder, seine Frau Ruth und Lotte Stern wurden schließlich in ihrem Versteck auf dem Dach der Fabrikhalle entdeckt und ergriffen. Als man die drei Unglücklichen an ihren noch immer auf dem Appellplatz stehenden Mitgefangenen vorbei zu den wartenden Lastwagen zerrte, blutete Rolf Bischofswerder aus einer klaffenden Kopfwunde.[2] Hatte sich der immer noch athletische Arzt bei seiner Festnahme zur Wehr gesetzt? – Hatten die wegen der langen Suche nach den Entflohenen erbosten SS-Männer ihn von sich aus mißhandelt? – Oder hatte er sich auf der Flucht vor seinen Verfolgern selbst verletzt? – Man wird es nie erfahren. Daß ihre drei Kameraden, die von den SS-Männern jetzt brutal auf die Ladefläche eines Lastwagens gestoßen wurden, dem Tod geweiht waren, wußten alle Häftlinge auf dem Appellplatz von „Meteor".

[1] Regina Schwarz kehrte nach Kriegsende nach Wien zurück. Nach Max Kaufmann (Die Vernichtung der Juden Lettlands, S. 424) war unter den aus „Meteor" Entflohenen auch die lettische Jüdin Fedia Lew. Sie überlebte ebenfalls.

[2] Briefliche Mitteilung von Frau Margrit Oppenheimer (USA) vom 3.3.1997 an den Verfasser

Als der Lastwagen mit den drei festgenommen Entflohenen abgefahren war, wurden auch die übrigen Häftlinge auf die Lastwagen verladen und zum Zentrallager Kaiserwald abtransportiert. Von dort aus wurden die Häftlinge der Kasernierung „Meteor" wenige Tage später – die sowjetischen Truppen waren inzwischen nur noch wenige Kilometer von Riga entfernt – zum Hafen gebracht. Mit einem deutschen Truppentransportschiff schaffte man sie über die Ostsee nach Danzig, in dessen Nähe sie das berüchtigte Konzentrationslager Stutthof aufnahm.

Während der folgenden Monate bis zur endgültigen Befreiung fanden die meisten Häftlinge aus „Meteor" im Konzentrationslager Stutthof den Tod. Sie starben an Hunger, Typhus oder infolge von Mißhandlungen. Nur ganz wenige, zum Skelett abgemagerte Männer und Frauen, erlebten den Tag ihrer Befreiung.[1]

Rolf Bischofwerder, seine Frau Ruth und Lotte Stern hatten einen anderen Weg zu gehen. Sie wurden zwar zunächst ebenfalls in das Zentrallager Kaiserwald geschafft, über sie hatte die SS aber bereits das Todesurteil gesprochen.

Im Lager Kaiserwald hieß es nun für Rolf und Ruth Bischofswerder, Abschied voneinander zu nehmen. Während man Rolf Bischofswerder in das Männerlager einwies, kamen Ruth Bischofswerder und Lotte Stern in das von den männlichen Häftlingen getrennte Frauenlager. Beide Frauen waren ständig aneinandergekettet und mußten auf Brust und Rücken ihrer Sträflingkleidung große weiße Flecken tragen, die sie als fluchtverdächtig auswiesen. So warteten die beiden Freundinnen noch zwei Wochen lang auf ihren Tod.[2] Dann wurden sie von Beamten der Sicherheitspolizei zur Erschießung im Zentralgefängnis von Riga abgeholt. Bevor Ruth Bischofswerder in das Polizeifahrzeug einstieg, konnte sie ihrem Mann, der in einiger Entfernung hinter dem Zaun des Männerlagers stand, noch Handküsse zuwerfen, um sich so für immer von ihm zu verabschieden.[3]

Rolf Bischofswerder blieb nach dem Abtransport seiner Frau noch einige Tage im Lager Kaiserwald und wurde von dort aus – unter strenger Bewachung – bei Außenarbeiten eingesetzt. Auf dem Güterbahnhof „Shirotawa" mußte er gemeinsam mit anderen Häftlingen mit Kohle beladene Waggons leerschaufeln. Rolf Bischofswerder betrauerte tief den Tod seiner Frau. Jakob Wagenheim schildert, wie der von Kohlenstaub ganz geschwärzte Arzt tief bedrückt und mit gesenktem Kopf die Kohlen aus dem Waggon geschaufelt habe. Auf die Frage eines jüdischen Mithäftlings, wie es der „gnädigen Frau" gehe, habe er kurz von ihrem Abtransport zum Zentralgefängnis erzählt und voller Verzweiflung gemeint: „Ruth verloren, alles verloren." Dann sei er in trübes Schweigen verfallen und habe verbissen weitergearbeitet.[4]

[1] Zu den Lebensbedingungen im Konzentrationslager Stutthof vgl. Jeanette Wolff: Mit Bibel und Bebel, S. 49 ff sowie Gerda Gottschalk: Der letzte Weg, S. 102

[2] Sherman-Zander: Zwischen Tag und Dunkel, S. 99. Ein kurzer Hinweis auf dieses Geschehen findet sich auch bei Max Kaufmann: Die Vernichtung der Juden Lettlands, S. 424

[3] Briefliche Mitteilung von Herrn Jakob Wagenheim (Kanada) vom 3.5.1997 an den Verfasser

[4] Briefliche Mitteilung von Herrn Jakob Wagenheim (Kanada) vom 3.5.1997

Was mag in Rolf Bischofswerder während dieser Tage vorgegangen sein? – Er, der stets voller Zuversicht gewesen war, den Tag der Befreiung gemeinsam mit seiner Frau zu erleben, der seinen Leidensgefährten immer wieder Mut zugesprochen hatte, hatte nun – so kurz vor dem sich abzeichnenden Ende des Krieges – seine geliebte Frau doch noch verloren. Und ganz sicher wußte er auch, daß nach dem Fluchtversuch aus „Meteor" auch sein eigenes Leben verspielt war.
Tiefe Verzweiflung hatte Rolf Bischofswerder ergriffen, aber in ihm loderte nun auch unbändiger Haß auf die Mörder seiner Frau. Der Mann, der während der zweijährigen Leidenszeit im Ghetto stets vom gewaltsamen Widerstand gegen die SS abgeraten hatte, der seine Mitgefangenen immer wieder ermahnt hatte, oberste Maxime ihres Handelns müsse das Überleben sein, dieser Mann hatte nun nichts mehr zu verlieren. Das kämpferische Potential des langjährigen aktiven Boxers, der gelernt hatte, sich mit seinen Fäusten zu wehren, ließ sich nun nicht mehr unterdrücken.
Wenige Tage später schaffte man Rolf Bischofswerder in das bei allen Häftlingen so gefürchtete Außenkommando „Stützpunkt". Offensichtlich war er hier noch schwersten Mißhandlungen seitens der SS ausgesetzt. Dies belegt ein Bericht von Hilde Sherman-Zander, die Rolf Bischofswerder vermutlich als letzte lebend gesehen hat: „Bei einer Rampe am Exporthafen stand ein Lastwagen, der einen platten Reifen hatte. Alle Männer mußten aussteigen. Wir sahen, daß sie aneinandergekettet waren. Unter ihnen erkannten wir Dr. Rolf Bischofswerder, der mit seiner Frau und Lotte Stern aus „Meteor" geflohen war. Er sah zum Erbarmen aus. Eine große Narbe entstellte sein Gesicht, außerdem hatte er ein zugeschwollenes Auge; er war halbtot geschlagen worden.
Unteroffizier Döring erlaubte uns, mit Bischofswerder zu sprechen. Er berichtete, daß alle diese aneinandergeketteten Männer zum Minensuchen abkommandiert seien: ein Himmelfahrtskommando. Keiner lebte länger als vier Tage. Aber er schwor uns, daß er mindestens einen von seinen Wächtern mitnehmen würde ins Jenseits, und wenn er ihn mit den Handschellen erschlagen müsse.
Zwei Tage darauf war er tot, erschossen. Weil er einen SS-Mann erschlagen hatte."[1]
Die Nachricht von diesem heroischen Ende Rolf Bischofswerders erhielten Hilde Sherman-Zander und einige ihrer Mithäftlinge von lettischen Juden, die im „Stützpunkt" bis zuletzt mit Rolf Bischofswerder zusammen gewesen waren. Auf der Ladefläche eines Lastkraftwagens aneinandergekettet riefen sie diese letzte Nachricht vom Schicksal Rolf Bischofswerders den Zurückbleibenden zu, als sie mit unbekanntem Ziel abtransportiert wurden.[2]

[1] Sherman-Zander: Zwischen Tag und Dunkel, S. 102 f.
[2] Briefliche Mitteilung von Frau Sherman-Zander (Israel) vom 2. 6. 1997 an den Verfasser. Eine weitere Verifizierung des Geschehens war allerdings nicht möglich. Es konnten weder noch lebende Zeugen noch amtliche Dokumente ermittelt werden.

Ob einer seiner jüdischen Kameraden „Kaddisch" gesagt hat an seinem Grab? – Wahrscheinlicher ist, daß sein Leichnam achtlos in eines der vielen Massengräber geworfen wurde. Kein Grabstein bezeichnet die Stelle. Hier ruht Rolf Bischofswerder nun, fern von seiner Heimatstadt Dortmund, in lettischer Erde.

Am 19. Oktober 1955 wurden Dr. Rolf und Ruth Bischofswerder durch rechtskräftigen Beschluß des Amtsgerichts Köln für tot erklärt. Als Zeitpunkt ihres Todes wurde der 8. Mai 1945, 24.00 Uhr, festgestellt.

Verzeichnis der benutzten Literatur:

Adler, H.G.:
Der verwaltete Mensch. Studien zur Deportation der Juden aus Deutschland.
Tübingen 1974

Arntz, Hans-Dieter:
Religiöses Leben der Kölner Juden im Ghetto von Riga nach den Erinnerungen von Karl Schneider.
In: Jahrbuch des Kölnischen Geschichtsvereins Nr. 53 (1982), S. 127 ff

Asaria, Zvi (Hrg.):
Die Juden in Köln. Von den ältesten Zeiten bis zur Gegenwart.
Köln 1959

Becker-Jakli, Barbara (Hrg.):
Ich habe Köln doch so geliebt. Lebensgeschichten jüdischer Kölnerinnen und Kölner.
2. Auflage, Köln 1994

Beer, Mathias:
Die Entwicklung der Gaswagen beim Mord an den Juden.
In: Vierteljahreshefte für Zeitgeschichte Nr. 35 (1987), S. 403 ff

Czech, Danuta:
Kalendarium der Ereignisse im Konzentrationslager Auschwitz-Birkenau 1939-1945.
Reinek 1989

Friedländer, Saul:
Kurt Gerstein – oder die Zwiespältigkeit des Guten.
Gütersloh 1964

Gottschalk, Gerda:
Der letzte Weg.
Konstanz 1991

Grüttner, Michael:
Studenten im Dritten Reich.
Paderborn, München, Wien, Zürich 1995

Haupts, Leo:
Zum Schicksal der Kölner Juden im Dritten Reich.
In: Bohnke-Kollwitz, Jutta u.a. (Hrg.): Köln und das rheinische Judentum, S. 399 ff.

Hoffmann, Bruno:
Die Ausnahmegesetzgebung gegen die Juden von 1933-1945 unter besonderer Berücksichtigung der Synagogengemeinde Köln.
Jur. Diss.
Köln 1962

Jäckel, Eberhard / Longerich, Peter /Schoeps, Julius (Hrg.):
Enzyklopädie des Holocaust.
Berlin 1993

Kansteiner, Heinrich:
Vom Städtischen Gymnasium zum Hitler-Gymnasium.
In: Dobbelmann, Hanswalter / Löher, Jochen (Hrg.):
„Eine gemeine Schule für die Jugend". 450 Jahre Stadtgymnasium Dortmund.
Schriftenreihe des Westfälischen Schulmuseums Dortmund, Band 2.
Dortmund 1993

Kaufmann, Max:
Die Vernichtung der Juden Lettlands.
München 1947

Klee, Ernst / Dreßen, Willi (Hrg.):
„Gott mit uns" – Der deutsche Vernichtungskrieg im Osten 1939-1945.
Frankfurt 1989

Klein, Adolf:
Köln im Dritten Reich. Stadtgeschichte der Jahre 1935-1945.
Köln 1983

Klotzbach, Kurt:
Gegen den Nationalsozialismus. Widerstand und Verfolgung in Dortmund 1930-1945.
Hannover 1969

Knipping, Ulrich:
Die Geschichte der Juden in Dortmund während der Zeit des Dritten Reiches.
In: Monographien zur Geschichte Dortmunds und der Grafschaft Mark, Band 6.
Dortmund 1977

Kogon, Eugen:
Der SS-Staat. Das System der deutschen Konzentrationslager.
München 1974

Kogon, Eugen / Langbein, Hermann /Rückerl, Adalbert (Hrg.):
Nationalsozialistische Massentötungen durch Giftgas.
Frankfurt a. M. 1983

Matzerath, Horst (Hrg.):
„Vergessen kann man die Zeit nicht, das ist unmöglich."
Kölner erinnern sich an die Jahre 1929-1945.
3. Auflage, Köln 1987

Press, Bernhard:
Judenmord in Lettland 1941-1945.
Berlin 1995

Reuter, Heinz:
Die Juden im Vest Recklinghausen.
In: Vestische Zeitschrift, Band 77/78, S .79 ff

Ribhegge, Wilhelm:
Geschichte der Universität Münster.
Münster 1985

Schneider, Gertrude:
Journey into Terror. The Story of the Riga Ghetto.
New York 1979

Schneider, Werner:
Jüdische Einwohner Recklinghausens 1816-1945.
In: 750 Jahre Stadt Recklinghausen 1236-1986.
Hrg. von Werner Burghardt.
Recklinghausen 1986

Schoeps, Hans-Joachim:
„Bereitsein für Deutschland“.
Der Patriotismus deutscher Juden und der Nationalsozialismus.
Berlin 1970

Schröter, Hermann:
Geschichte und Schicksal der Essener Juden.
Essen 1980

Sherman-Zander, Hilde:
Zwischen Tag und Dunkel. Mädchenjahre im Ghetto.
Frankfurt, Berlin, Wien 1984

Stadtarchiv Dortmund (Hrg.):
Widerstand und Verfolgung in Dortmund 1933-1945 .
Dortmund 1981

Stehkämper, Rolf (Hrg.):
Die jüdischen Opfer des Nationalsozialismus aus Köln. Gedenkbuch.
In: Mitteilungen aus dem Stadtarchiv von Köln, 77. Heft.

Thalmann, Rita / Feinermann, Emmanuel:
Die Kristallnacht.
Frankfurt a. M. 1988

Vieten, Bernward:
Medizinstudenten in Münster.
Köln 1982

Wolff, Jeanette:
Sadismus oder Wahnsinn.
Dresden 1946

Wolff, Jeanette:
Mit Bibel und Bebel. Ein Gedenkbuch.
Hrg. von Hans Lamm.
Bonn 1981

Personenregister: